大展好書 好書大展

大展好書 好書大展

社會人智囊

19

未來十年
與愉快生活有約

船井幸雄 著
楊鴻儒 譯

大展出版社有限公司

序言

我具有相當敏銳的感性。

有關未來將發生的事情，一向預感十分準確。

在數年前，我曾說過「一百圓日幣折合一美元的時代即將來臨」，可是當時大家都認為絕不可能而置之一笑。現在，這個預言果真實現了。

在一九八一年，我決定將個人所創立的船井綜合研究所股份有限公司的股票公開上市。

當時，我持續夢見幾次公司的股票在證券交易所買賣的情形。且為了公司，經營顧問業界認為公司的股票上市比較好。因此，我自信滿滿，自認公司的股票一定能上市。不過，當時普遍認為經營顧問公司的股票上市是絕對不可能的事。

事實上，一九八五年我向船井綜合研究所的員工宣佈「股票準備上市」時，大多數的員工都認為是「不可能的事」，而不加以採信。但是至一九八八年，船井公司的股票果然正式在大阪證券交易所上市了。

然而，我的靈感及預測有時也會失靈。例如，我預測九四年的夏天會繼九三年的夏天一樣，是屬於冷夏的氣候，結果竟是酷暑。

個人認為靈感與預測是不可能達到百分之百的正確。但仍希望能夠完全都命中。

有關其理由在拙著『船井幸雄的直覺力之研究』（九三年PHP研究所出版）中有詳細的敍述，有興趣者請參考。

過去十年來，我的靈感及預測準確率達百分之九十以上。若讀過前所提及的拙著，便能夠有所了解。

擁有直覺力的我，預測二十一世紀的地球將會是一個相當美好的時代。這點在另一拙著『未來的啟示』（九四年由Sun Mark出版社出版）中有詳細說明。有興趣者可供參考。

但是，未來的社會必定會呈現與現在完全不同的價值觀、科學及技術的時代。所以在未來十年左右，可能會陷入大混亂的局面。

由於如此，我開始寫一系列有關「未來十年」的著書，如『未來十年生活方式的發現』（九二年由 Sun Mark 出版社出版）、『未來十年真相大發現』（九三年由 Sun Mark 出版社出版）等。

雖未來十年會陷入混亂的一片，但人類必能加以克服而建立更美好的二十一世紀。這不僅是依個人的靈感，也是由現狀中憑個人的理性所加以判斷的。

在混亂的時代裡，想要過更美好的生活，必須依靠「愉快的發現」才行。

為此，寫了這本『未來十年與愉快生活有約』，也就是「未來十年」系列的第三集。

首先，本書以科學化說明如何發現愉快，如何快樂生活。同時，我舉出幾個親朋好友的實例，介紹他們的生活方式，以更具體的說明。

而後再簡單說明個人以何種方式去尋找快樂的生活。

本書採平易的敍述方式，並謹慎地挑選內容，主要希望各位能夠體會我所要表達的事實。

早在九四年的七月，便開始著手擬構本書的內容。我的生活相當忙碌，因此只能利用極少的空閒時刻來寫此書。原稿於十二月十九日開始整理，至二十二日終於完成了第三章。此後還得加緊腳步寫第四、五章，於十二月二十七日必須將所有稿件交給出版社印行。

最終目的希望讀者的生活能夠更愉悅，且由此書獲得助益，序言至此擱筆。

寫於東京・高輪的自宅書齋

船井　幸雄

目錄

第二章　愉快生活的要訣

目　錄

第三章　改變愉快生活的觀點

第四章　肯定一切就能夠愉快地生活

每日都可興高采烈的船井氏愉快的發現法

序章　未來的愉快生活

——積極開朗過生活，自然能邁向康莊大道

●再這樣下去人類將沒有未來

我認識許多人，與十年或五年前做比較，最近好像有顯著的變化。以前唯利是圖的經營者很多，但是現在想愉快過生活的人卻與日俱增。

也許有人認為經營者不應該有這種過於單純的想法，但以個人的觀察，像以前那樣拼命工作賺錢的人已經衰微，反而想單純過快樂生活的人，比較能夠在事業上獲得成功。

有家公司每月免費送我無臭的大蒜。其名稱為名古屋製酪公司，董事長是日比孝吉先生。日比先生每年耗費二十五億圓贈送無臭大蒜給朋友或曾經照顧過他的人。

公司目前年營業額為七百億圓，但日比先生仍計劃在本世紀中將贈送無臭大蒜的人士增加至十萬人。聽說要贈送十萬人無臭大蒜，必須耗費百億圓的經費，可是那時公司的營業額有可能高達三千億圓，免費贈送艮品將使公司的業績更成長。此意謂著對人類有貢獻，且受人歡迎的公司愈容易蓬勃發展。有關日比先生的事蹟，將在第二章再詳細說明。

另外，社會上一連串發生無法預料的事。如目前的通貨緊縮現象即是其一。包括土地，一切的物價都逐漸地降低。對資本主義而言，通貨緊縮是最不好的現象。因為物價降低，即使營業額提昇，利益也無法增加。最後營業額必定會降低。在近代資本主義的社會裡，以同樣的活動、同樣的時間，工資高，商品價格高的國家反而愈富裕。

目前在日本，舉國一致都想降低物價。但以資本主義發展的觀點而言，這種想法是不正確的。如此一來以目前的情勢來看，景氣不會好轉。雖有些人提出經濟已經好轉，但我認為在本世紀中經濟是不可能好轉的。

日幣升值。產業空洞化現象日趨惡化。如果一直降低工資，減少雇用機會使失業率擴大，則勢必會發生一場大動亂。簡而言之，目前的經濟社會是朝向毀滅資本主義的方向進展。

當資本主義崩壞時，景氣如何能夠好轉？但由另一角度來看，景氣不佳也是一種「好的現象」。因為在社會中所發生的一切都是必然且需要的，所以通貨緊縮、工資降低、失業率大增，雖由短時期來看是相當不理想的，但以宏觀的角度來看，應該是一個好現象。

通貨緊縮是國民所期待的。如果因此使資本主義毀滅，這可能也是時勢所趨。若不以此觀點來詮釋社會萬象，如現在一般，不斷發生意料不到的事件及現象，我們就無法掌握。

另外，還發生了一件所預料不到的重要事件，那就是大家已開始反省支撐資本主義的 more and more（愈來愈多）的思想。

前些日子，有位住在岡山的發明家告訴我說：「船井先生，最近產業界有朝向中國發展的傾向，可是我強烈反對。」

「為什麼」我問。他回答道：「從岡山開始到西方的松樹已全部枯萎」。由於中國海岸線沿岸工廠林立，且沒有限制使排放廢氣的車輛激增。如果中國大陸再繼續發展工業，結果將導致污染的空氣順著西風吹到日本國土。

目前，日本的松樹已明顯起變化，或許再過十年後，將沒有健康的樹木。二十年後，日本的綠色景觀可能將成為歷史。我實在不了解至中國發展工業及經濟的那些人的心態——朋友如此說。

有人警告：若人類一味以工業為優先，且繼續無限制的發展，則地球約再過三十年左右，將不適合人居。燃燒化石燃料，過奢侈的生活，只追求眼前的利益的行為實在相當愚昧不智。

所謂的近代資本主義就是朝向挖掘地球有限的資源，使居住環境惡化的方向邁進。其發展背景乃源自於想要有更多的資源、權利及土地等more and more的思想。如果人類一直朝向這個目標發展，那勢必毫無未來。

●未來將邁入最困難對應的時代

想追求愉快的生活，必須了解未來的社會將有怎樣的轉變。順應變化，才不會被社會所遺棄。個人認為目前所產生的變化，對人類而言，可能是幾萬年來的一次巨大的改變。由於如此，人類必須具備能適應這時代變化的眼光。

然而應該具備何種眼光呢？即凡事不應只窺其枝葉，而應視其根部。關於這點，在我最近所出版的拙著中有詳細敍述。

宇宙中有不勝枚舉的星球，依宇宙的構造原理，一切事物都會成長發展，因此星球也會生成發展。現在以發展階段來區分，至少可區分為如下五種等級：

第一階段的星球＝只有礦物、毫無生命體存在。

第二階段的星球＝有礦物、微生物、動植物存在。但無知性的生命體存在。

第三階段的星球＝有礦物、微生物、動植物及以自我為本位的知性生命體存在。

第四階段的星球＝超越自我，以知性生命體為中心的星球。

第五階段的星球＝充滿愛心，以高等的知性生命體為中心的星球。

地球最初與其他星球相同，由第一階段出發，經幾十億年後才邁入第二個階段，由於人類的誕生，才到達第三階段。在此當中，頭腦發達的人類建立了文明，相對地也無法排除自我、爭端、對立、痛苦與煩惱。

其結果使地球陷入高度的危險困境。某部份的人們發覺此嚴重的事實，為使地球升級遂開始展開救援行動。於是，地球逐漸由第三階段轉移至第四階段。

這轉移期究竟持續了多久？以個人的計算，若依宏觀的角度來看，大約是由西元一九六〇年至二〇三〇年；若以微觀的角度來看，則約由一九八六年至二〇〇〇年。由此看來，人類正處於這階段當中，因此未來的世界將不斷發生意料不到的變化。

如果以悲觀的態度來看這場轉變，則多數的人類可能會走向滅亡之路。可是以邏輯的觀念來思考，人類是不可能滅亡的。只是無法適應未來地球環境的人將會被淘汰。當這些人消失後，地球可能是一個平和、安詳、富裕、充滿喜悅的美好星球。

然而目前最重要的，就是如何去克服今後所要面臨的激烈變化。但是我們應該如何生活？既存的社會結構已逐漸崩壞，因此，執著舊時代的生活結構將會走向滅亡。但是要達到第四階段仍必須耗費相當長的時間，故在轉移期的生活是最艱難的。

為了尋找新的生活模式，我嘗試各種探索，終於在最近有了「愉快的發現」。由於轉移期的一切模糊不清，不知明日將會發生什麼事。處於這樣的時代中，應抱持凡事不動搖的堅定生活態度，才是尋找愉快人生所不可或缺的條件。

我之所以會以「愉快」的寫法來代替「快樂」，是有其理由的。一般而言，都是將「苦樂」擺在一起，亦就是認為苦與樂是交替的。苦後得樂，樂終即苦。總之，一般人很容易將這兩者聯想在一塊。由於如此，希望快樂能持續下去，因而以「愉快」一詞來表現。

●找尋愉快的條件

由以上所說明的理由，我認為二十一世紀是一個「愉快」的世紀。可是為了要生活在這個世界上，必須具備某些條件。以下我將敍述五種條件。

第一個條件是「發揮良知，坦率地過生活」。目前在世界零售業中排行最高的是WAL-MART公司，其創業二十餘年，終於攀升到這個光榮的地位。日本的大榮公司在全世界的營業額榜上排名第十三位，但比大榮公司創業歷史淺的WAL-MART公司卻佔第一位。其年度營業額為七兆萬餘圓日幣，課稅前的利益為三千億萬圓。

此公司的創業者山姆・威爾頓先生，在一九九二年以七十二歲的高齡與世長辭。此人的經營方針無法以過去的常理來推斷，手法相當特殊，請參考拙著『生活的訣竅』（由PHP研究所出版），內有詳細的說明。

在此僅摘其要點說明。山姆‧威爾頓先生認為，「商品的價格取決於賣者的良知，絕不能依競爭來決定」——此為第一項。「站在顧客的立場去思考，不管是任何方式的退貨都應該接受，只要拿出購買的商品及發票，不論經過多久的時間，都應該接受退貨和退款」——此為第二項。「將某些商品在特定的期間廉價促銷，表示歧視當時沒前往購買的顧客。我們絕不會有這種廉價的策略」——此為第三項。

他們秉持此三個基本方針，貫徹實行，不久後果真成為世界排行第一的零售商。由此例子可以看出，唯有不泯滅自我的良知，才是真正能獲得勝利的經營哲學。

可是，目前日本超級市場的營業態度卻完全相反。例如，所販賣的商品中，生鮮食品的種類已愈來愈少。蔬菜、水果等也只陳列一些比較好賣的食物。可是超市若不購買商品，農家自然就不會生產。

這種現象正表示，販賣生鮮食品的人已逐漸喪失良知。生鮮食品佔食品全體約七成左右。可是在利益優先的前提下，逐漸減少生鮮食品種類的問題實在太嚴重了；各地區都有其地域性所生產的生鮮食品，倘若這現象繼續惡化，那麼全國所吃的食物勢必相同。此不僅大大破壞餐飲文化，對健康也會有相當大的影響。

由於唯利是圖、喪失良知，在該地區所應生產的卻不讓農家栽培，此意謂著與大自然的運行相違背。但這種利益主義不久必會自食惡果；同時，醫生、律師等職業遭利益主義侵襲而喪失良知者，也有激增之趨勢，此實是令人擔憂的現象。

泯滅良心必然會破壞大自然的規則。即使因此賺大錢，擁有名譽和地位，本人也不會感到快樂；然而，只要去學習大自然的原則，順從這原則生活，思考及行動就不背道而馳，自然更不會受到良心的譴責。如此人生既愉快且充實。

愉快過生活的第二條件是「由自己決定並且負責」。人類是有知性的動物。可以自己決定，自己負責的唯一生命體。而如何運用這特質便是人類最重要的課題。

可是現在有很多人不會為自己做決定或負責。此可能是因為國家太平、安全、富裕之故，即使自己不去思考也能夠生存。然而若無法使自己向上，必不能體會其中的喜悅感，同時也無法適應未來的環境趨勢。

人生於這個世界，最主要的目的即在於提昇自我的本質，包括其他動植物的地球及宇宙，也不能因此而蓬勃發展。只要遵守這個目的，生活自然會愉快；由此看來，朝向單純化目的的時代已經來臨。一切必須要自己做決定且負責才行。

依賴他人才覺得人生愉快者，是尚未擺脫赤子「快樂」領域的人。此乃是不成熟的快樂。與長大成人慢慢累積經驗所得到的愉快相比，我們絕不會對孩提時代的快樂感覺有魅力。倘若尚未體驗過這種感覺者，表示其本人還沒經驗過真正的愉悅。而此最大的原因，乃在於不想要自己做決定且負責任。

第三個條件是「不要去做討厭和感到困惑的事」。本來，人之所好必會積極去實行，所以不會產生問題。可是在日常生活中，常有許多令人厭惡，可又不得不做的事情，如果因此任性拒絕，必然會發生障礙。

如果碰到不喜歡的事又非得去做的情形，應將其轉變為正面的想法，將討厭的事轉變為喜歡的事，且絕不加以逃避。其實在現實生活中，真正能令人感興趣的事極少，多半是自己不太願意做的事；凡事都有兩面性，即可解釋為肯定或否定二種。

厭惡之事多者，多半不是其常碰上討厭痲煩的事，而是其想法為否定的，所以只要排除這種想法，就可克服這個困難。也就是說，一切往好的方面想，肯定果決，不想做的事就不要去做，如此不想做討厭的事的問題必可解決。

另外，避免做使自己感覺困惑的事。理由有二。其一為當碰上困惑之事時，在做不做都無所謂的情況下，還是不要做比較妥當。

另一理由乃是由於做了並不見得能獲得好結果，故覺得還是不做好。多半會產生困惑的原因，是由於自己的心裡向自己傳達不能去做的訊息。

人類乃是在這樣的狀態下，養成了逃避危險及失敗的能力。當碰上猶豫不決的事時，應該拋棄自我，捫心自問，如此便能找到應採取何種行動的正確答案。

●覺得舒暢的訣竅

尋找愉快的第四個條件是「對社會有所貢獻」。此乃是愉快生活的特效藥。下面我將介紹幾則能加以證實的有趣事蹟。曾有醫生勸一位酒精中毒的患者「喝酒對身體不好，應該停止喝」。可是病患不但不接受，還回答說：「即使喝酒致死也是我的自由。」

對於那些中毒的患者，最有效果的療法就是幫他建立良好的人際關係。若只是為了自己，其往往沒有戒酒的決心，可是一想到自己所喜歡、所尊敬的人將感到「悲傷」且「困擾」時，就會產生戒酒的心理。只為自己戒酒實在太痛苦了，可是為了使他人高興而戒酒，痛苦就不再只是痛苦了。

告訴我這個現象的是田園都市厚生醫院的春山茂雄院長。依春山先生所言，當人做好事後，腦內會分泌一種嗎啡狀的物質，使心情為之舒暢。因為舒暢，必會減少痛苦而更積極努力。有關春山先生的為人將在第一章中詳細介紹。

對社會有所貢獻也是如此。熱衷於慈善事業、或於宗教團體當義工者，臉孔看起來都很溫和慈祥，理由為其本人的內心感覺很舒暢。在旁人的眼中看來好像很勞累的事，他們卻做得相當愉快，此乃是為社會貢獻使人生愉悅的訣竅。

如果只是欺騙他人、扯別人後腿、唯利是圖者、不管本身賺多少錢，最後仍是會遭到良心的譴責。古代一些庶民遭到迫害或被迫生活在最惡劣的環境時，還能夠堅強生活的原因，主要在於大家有互助合作的精神；雖然生活不自由，但仍能過著愉快的生活。大衆往往擁有一股強大的熱能。反之，一些社會精英階層者，在這方面是不快樂的。因為他們容易過著自我本位的生活。

貢獻社會與造物主的創造目的最爲一致。能夠替他人服務，心情自然能舒暢。心情舒暢乃是造物主所賜予的獎賞。因此若想過幸福的人生，只要為社會為人類有所貢獻就好。

第五個條件是「追求真實」。是真實或是虛偽，只要依「復甦化」、「崩壞化」二種向量究竟偏向哪一方就可判斷。世界萬象不是朝向復甦化，就是朝向崩壞化。如果是朝復甦化，就能保持健康，延緩老化，蓬勃有朝氣，這正是真實的事物；可是如果朝向崩壞化，則會生病、發生不幸或破壞環境。這正是虛偽的事物。

真實是完美的，完全沒有雜劣的特質。高價值的東西往往低價就能買到。依這基準就可知氾濫於世界成為主流的事物，多半都是偽物。

例如，愈有效的藥愈貴。雖藥品已非常普及，但疾病非但沒有減少反而增加，且藥品的副作用相當大。如石油有許多用途，可是另一方面也有破壞環境的影響；目前多半的科技都有反效果，若能將此矛盾解決的技術，才是真實的技術。

目前，能夠解除糧食危機、能源危機、疑難雜症、改善地球環境的真實技術已逐一出現，然而，與真實技術一樣引人注目的真誠人物也日趨增加。如果依過去的思考模式去生活，將可能導致只追求眼前的利益，凡事以自我喜惡為中心，或喜好競爭等特質出現；而二十一世紀的真誠人物是以共生、感謝、愛心等正面的構想為中心的人物。

所謂「追求真實」，乃是二十一世紀的生活方式，能如此過生活，人生才會愉快。此書將介紹幾位過著愉快生活的真誠人物。

「順從良心，正當地生活」、「自己做決定且負責任」、「不做討厭或困惑的事」、「對社會及人類有所貢獻」、「追求真實」。以上五點乃是愉快地生活的條件。

下章我們將詳細說明應如何過愉快的生活。

第一章　愉快地生活的時代

——已能由科學解明如何才能愉快

●更「愉快」的未來

個人認為，二十一世紀將是一個美好的世紀。也有人說人類會因此而滅亡，可是我認為不太可能；當然程度低者自然會被淘汰，但仍毋須過於擔心這個問題。我認為二十一世紀的地球是充滿和平、安全、富裕、愉悅的星球。疾病將逐漸消失，不再有人感到饑餓，人人都能過著愉快的生活。

當然，要達到這個階段必須克服許多障礙。努力之餘也必會喪失許多東西；在這世界裡的所有變動，無疑是在轉變為新的地球之前的陣痛。所以必有人嘗到痛苦的經驗，也就是怕既得的權利及財富喪失而做最後的掙扎。

我認為存在這世上的一切事物都是必然的。二十一世紀之所以會是一個美好的世紀，乃是由於紮根於新時代價值觀之下的技術，也就是真實技術已逐一出現。新的技術主要包含了微生物技術領域的生物工藝學及波動技術、AI（人工智慧）技術、A—LIFE（人工生命）技術。這些技術將使今後的世界徹底改變。

和真實技術一樣受人注目的乃是真誠人物。以往人類多以自我為中心、追求眼前的利益、只重視自己、喜好競爭等、自私的個性很強烈，可是，未來這些都將徹底被改變，今後的地球將以共生、超我、肯定、感謝、愛心的人類為中心，是一個愉悅且美好的社會。

數年來，我以人類的未來、地球的未來、宇宙的構造等為演講的題目，並撰寫成書。之所以如此，乃是看到現代人都以自我為中心、且環境破壞將可能使人類在二、三十年後滅亡，由此危機感才促成我大力宣導。

總之，現代人的生活模式是必須要改變了。幸好與我想法相同的人到處都有，且真實技術也不斷地出現，貢獻於社會及人類的人物也到處都有。這些人好像被造物主引導一般，以相同的概念、目標、計劃、夢想、願望及使命感開始展開行動。由於如此，才使我確信「人類是不會滅亡的」。

到了二十一世紀時，地球將轉變成為新的星球，那麼處於這時代的人們應該擁有什麼意識？過什麼生活？在共生、超我、肯定、感謝、愛心的社會中，生活方式如何？其實具體的型態我也無法說明，但可以肯定一定是「愉快的生活」。

長久以來在人類的社會中，是充滿喜悅及痛苦的，亦就是所謂的「苦樂並存」、「先憂後樂」、「禍福如糾纆」等，禍會轉福、樂也會變苦。可是我認為這樣的情形在未來就不會再發生了。

其理由容後再說明。目前日本人平均壽命約八十歲，有人認為有愈來愈長壽的傾向，可是根據科學的推算，一般人平均可活一百二十五歲。東方醫學（中醫）、西方醫學、如生理學、動物生態學、防止老化醫學等，也都認為其實活一百二十五歲是最低限度。

因此這並非長壽的現象，而是人類已愈來愈接近真正應活的年齡。但若長壽卻不能永遠快樂，而會遭苦痛纏身的話，則讓人無法接受。因此，以宏觀的角度來看，這種苦樂的論點與世界的形成是有其矛盾之處的。

●獲得「快樂」的方法

到底世界是如何形成的？以下將說明個人的假設。

假設一——「世界是由具有主體性的先知所創造與營運」。當然也有另外的說法，可是依最近的尖端物理學與分子生物學所研究的成果來看，這樣的想法比較合理化。而具有主體性的先知即為造物主。

「造物主讓世界所有存在的一切，包括自己本身，及存在的本質不斷地自由發展，由此建立世界的結構及營運世界的基本原則。」此乃假設二。

接著為假設三：究竟營運世界的基本原則為何？第一為「秩序機能的形成＝期望社會能詳和的原則」、第二「維持秩序機能＝雖原則自由化，可是和創造目的逆行時就能加以矯正的原則」、第三「生成機能的發展＝與創造目的一致的任何一切事物都能正常地生成發展的原則」。

也就是說，包含人類的自然萬物，除了與創造目的背道而馳之外，都能夠生存且正常地生成發展。接下來，我們將探討何為創造目的。究竟造物主是在什麼樣的目的之下，創造世界萬物？其實這是神學中最難以解釋的問題，在此我大膽地提出個人的假設，也就是為了要使世界萬物都能夠得到「愉悅」。

此並非「快樂」而是「愉悅」。因為快樂會附帶痛苦和悲傷，然而這是因為人類的水準尚未達到一定的水平之故，唯有達到愉快的水準，就不再有悲慘的情況發生。

為什麼會愉悅呢？依前面所提及的假設，起先是因為願望能夠實現，所以覺得內心舒暢。當自己的願望都能實現時，自然不會產生絕望。雖然水準有高低，可是在個人的水準範圍內，若願望都能實現，心情愉悅自是無庸置疑。

另一種假設是「當萬物都能夠正常地生成發展時，人類必會充滿喜悅」。例如，父母看到孩子健康地成長必定會很高興，當自己有進步時，必會感到人生相當有意義。對人類而言，生成發展是一種喜悅；以此觀點來看創造的目的，必可發現「包括造物主本身的宇宙萬物，都是為了得到愉快的生活而存在」。

站在醫學的立場向我說明這種道理的，是田園都市厚生醫院的春山茂雄院長（註一）。春山先生曾將這些內容在他的著作『腦內革命——從腦中分泌的荷爾蒙會改變生活的方式——（書名暫定）』（由Sun Mark出版社出版）中做詳細的說明，現在，我將春山先生的話簡明摘要如下：

當人憤怒時，腦內會分泌去甲腎上腺素。這種物質是一種神經傳達物質的荷爾蒙，相當猛毒，其分泌量可決定壽命的長短；如果經常憤怒生氣，有強烈的壓抑感時，腎上腺素便會大量地分泌，因而容易生病、加速老化、早死等。而能夠綜合這種腎上腺素之毒者為內腓肽（荷爾蒙之一）。

聽說內腓肽具有α、β、γ三種，但中和效力最強者為β內腓肽。其實內腓肽的功能在以前就已知曉，只是卻一直被忽視。

最近，經研究證明，發現內腓肽確實有保存青春、殺死癌細胞、使人心情愉快的功能。這種物質的構造成分與痲藥的嗎啡相似，因此又稱為腦內嗎啡。

毒品的嗎啡有副作用及中毒的危險；可是腦內嗎啡完全沒有副作用。因此內腓肽若能旺盛地分泌，必可維持健康且愉快地生活。

至於內腓肽在何時會分泌呢？其實道理很簡單。例如有人批評您時，您坦誠加以接受「我確實就是如此」，這樣就會分泌內腓肽了。可是若加以否定，就會分泌去甲腎上腺素。

不管內容如何，只要有否定的想法就會分泌去甲腎上腺素。堅持自己才是正確而大發脾氣也會分泌此物質。當對方誤解自己的時候，多往好的方面想，如將其解釋為「他是為我著想」，如此就能分泌出內腓肽。

不論發生多討厭的事，只要多以正面性的想法去解釋，那瞬間在腦內就會分泌出似嗎啡成分的快感物質。總之，若以否定性的想法去解釋就會產生負面效果。

●愉快生活的科學根據

既然我們已經了解腦內有此構造，則這正告訴我們，只要對一切的刺激都擁有肯定、感謝、愛心、正面的思想，就能夠過愉快的生活。這也正是數年來我一直提倡的論點。

在序章曾經提到，地球耗費幾十億年，才能達到第三階段「有礦物、微生物、動植物、及自我的知性生命體之存在」的星球。在這階段過程中，人類是在原則自由的規範下，實現自己的夢想，且不斷地生成發展，但這些行為都是以自我為中心，所以爭端、對立、苦惱、痛苦不斷地發生。

具有知性生命體的人類，利用清晰睿智的頭腦、建立地球的高度文明。尤其在十八世紀後半，依科學技術的蓬勃發展，建立令人驚異的文明，可是另一方面，自我之慾與矛盾之處也愈來愈明顯。於是造成了大量的殺戮、貧富不均、糧食分配不均，人心荒廢、破壞環境等，違背大自然的謬行。

由於如此，造物主便依基本原則，開始矯正不良之意志。於是有些人因此覺醒，而將地球提昇為「超越自我的知性生命體中心之星球」——第四階段，並努力展開行動。此正是造物主所擬定的具大行程表——。亦就是我所認為的未來十年期間會產生的大變動。

處於這狀況下，我們將如何去對應？答案是應順從創造的目的，也就是「愉快的生活」。為了具體說明應如何生活，我將再細談有關春山先生的事蹟。

他曾說，香菸對身體不好。目前全世界也都倡導禁菸活動，以醫學的角度來看，其乃造成癌症與高血壓的原因。事實雖如此，仍有許多人無法戒菸。春山先生說：「這是由於人們喜歡追求腦內嗎啡的原因。」

香菸確實對人體有害，但是癮君子只要吸一口菸，腦內便會產生內腓肽（腦內嗎啡）。

內腓肽的分泌不僅使人覺得很舒服，且也有防止老化，和殺死癌細胞的功能。因此，抽菸並非完全有害。同時內腓肽也能防止癡呆症的產生。因此抽菸確實也有此功效。

可是對討厭抽菸的人而言，吸菸是無法分泌內腓肽的。喝酒也是如此，如果不喜歡喝酒的人，受他人所逼而喝酒，一樣是無法產生內腓肽的。可是喜歡喝酒的人，只要一看到酒店，就已經開始分泌內腓肽了。所以不能一概而論，認為抽菸與喝酒對身體不好。

有些人相當熱衷棒球、足球、高爾夫球等，可是毫無此興趣的人，只會覺得這些運動都太無聊了。讀賣巨人隊打輸打贏都無所謂，反正不是自己的親戚；長島教練或松井的選手竟然比自己的親兄弟更加令人敬佩……等等，無非都是追求腦內嗎啡的舉動。

給人帶來快感的荷爾蒙除了內腓肽之外，還有腦腓肽、多巴胺等約二十餘種物質，但功能強弱各異，其與藥理作用是相同的，我們將這些物質總稱為腦內嗎啡。

腦內嗎啡中最強的物質為前所述的β內腓肽，據說其效力為毒品嗎啡的五～六倍。既然我們的腦內存在著能夠製造如此強烈快感的物質，那為何還要犯法去買賣有副作用的毒品嗎啡呢？這實在是相當愚蠢的事。

當我們以科學化證明了腦內嗎啡的存在時，便知道造物主賜給我們至福的喜悅，希望我們都能過著「愉快的生活」，但是由於不了解這項事實，多數人卻是過著不快樂的人生，而縮短壽命。

●不做壞事就可以防癌

當我聽了春山先生所說的話，才了解造物主早就賦予人類過愉快生活的能力。只要了解在什麼樣的情況下能夠分泌腦內嗎啡就好；避免去做不會分泌腦內嗎啡的舉動。如果能夠分泌腦內嗎啡的行動，即使加以禁止，也會有想做的慾望。

因此，社會便產生了一種問題。也就是低次元的行動容易分泌腦內嗎啡的問題。例如食慾與性慾，這種本能性的慾求，有時會導致反社會性的行動。

春山先生表示，此依馬茲洛的慾求階段說便能加以解釋。人的慾求是由低次元（最基層）往高次元實現。當空腹時，往往會不顧面子或冒生命的危險去求食，一旦此慾求滿足時，就會提昇層次而追求安全感。

一旦獲得安全感，就會追求社會的歸屬感與被愛。而後即是對滿足自尊心的慾求。也就是希望產生自我實現的慾求。自我實現的慾求為「高度發揮自己的能力與特性及實現願望」，此為馬茲洛的慾求階段說。

如此看來，人類的行動是逐漸往高次元的階段邁進。可是仍存在著一直停留在低次元階層的人。但春山先生表示，大多數的人都是往高次元的階段行動的，所以毋須擔心此問題。對於他的想法，我深表贊同。人類必須提高自我的本質與意識。其方法唯有不斷地努力、對一切懷有感謝的心情、愛世界萬物，並儘量擺脫自我才行。

既然懷有感謝及博愛的胸襟，便能夠促進腦內嗎啡的分泌，那麼便可了解唯有保持進步，提高自我的品質，才能獲得無比的快樂。同時，我們必須在自己所能做到的範圍內，好好控制波動才行；一切存在於世上的物質與現象，都是由粒子所形成。因此也擁有波動的能量。於是世上的一切事物，可依波動的性質來決定好壞。為使世界能更美好，必須依靠好的波動才行，好的波動能帶來長壽及健康，且可保護環境，也能使人的內心安定。根據個人的感覺，促進腦內嗎啡分泌的方法，都對波動有艮好的影響。

好的波動就是意謂著朝復甦化的方向發展。如前所述，世上的一切事物，不是朝復甦化，便是朝崩壞化發展。如果朝復甦化發展，不僅能維持健康，也能夠獲得愉悅及幸福；若朝向崩壞化發展，則會導致生病、不幸及破壞生態環境。

目前世界正朝著崩壞化發展，此正是人類所造成。有人預言不久人類將會滅亡，雖說沒有如此絕望，但確實世界的未來並沒有明朗的展望，此可說是由於人類的生活方式有瑕疵所造成。個人認為，以目前不健康者有增無減的情況看來，就可以證實此點。醫療費用不斷地增加、科技也有明顯的進步，可是病人卻沒有減少，此乃醫療的方向有所偏差之故。

聽了春山先生的一番話之後，我認為只要大家積極分泌腦內嗎啡、疾病必可減少，醫療費用自然會降低，也不會破壞生態環境了。此正意謂著自我中心的世界即將崩壞，而慢慢轉變為復甦化的世界。

在此我提出幾項根據。日本人最高的死亡原因為癌。罹患癌症致死者不斷地增加，但至目前並無有效的治療方法。甚至有些醫者認為，可能永遠無法找到有效的治癌方法。

有關癌的起因衆說紛紜。依春山先生的說法是，「只要心裡產生厭惡的心情，就可能罹患癌症」。

具體而言，癌的起因為活性氧所致。由於體內產生的活性氧傷害到遺傳基因，因此便得到癌症。照X光、暴曬日光過度、抽菸等，都可能產生活性氧。這些都是活性氧的起因。

其實，X光本身並無致癌性，但由於其會分解體內的水分所以才產生活性氧。食品中有害的物質也可能導致癌症；身體過度疲勞，或過著不規律的生活，都是造成活性氧的原因。一般而言，只要對身體有害的物質或行為，多半會產生活性氧。

可是，當體內產生活性氧時，也有能夠中和的物質。其就是稱為SOD的體內酵素。當我們內心覺得厭惡，或壓抑過重時，SOD的分泌量便會降低，隨之，身體的免疫能力也會降低。

但是相反地，當我們產生喜悅、感激的心情時，腦內嗎啡會大量分泌。屬於腦內嗎啡之一的β內腓肽有製造SOD酵素的作用，使免疫細胞活性化，而提高免疫能力。總之，只要一直保持能夠分泌腦內嗎啡的狀態，就能克服致癌的活性氧產生，使世界變得更開朗。

●治療疾病和防範疾病的醫者

我是一個很健康的人，這三十年來與醫生來往多半是為了一年二次的全身健康檢查，因此認識許多醫者。其實，他們每位都是很好的人，可是我偶而看見他們在對待患者時，讓我感到十分驚訝。

有些醫生的態度十分傲慢，似乎有損醫師的人格。對於他們的高薪制度，有一點讓我感到十分奇怪。既然月領高薪，那麼站在醫生應盡之職務的角度來看，為何不見病患減少？事實上，不僅病患日趨增加，連醫療費用也相對地提高，可是醫生的態度卻愈來愈傲慢，薪水也愈來愈高，即使在不景氣的時代，製藥業仍相當興盛。這種情況會一直持續，實在是相當異常的現象。此是否爲目前的醫療制度出了問題？

「以結構而言，醫療界應該是屬於不景氣的業種」——這是我的好友，ＥＭ發現者比嘉照夫先生所主張的論點。但最近有此想法者不少。我認為，二十一世紀應以防範疾病為主流，各醫院應朝此方向邁進，而春山茂雄先生的醫院即是其中之一。

春山先生的祖先長年在京都研究東方醫學。在他四歲時便開始學習東方醫學，於八歲時便精通一切醫理，可稱得上是一位神童。由於精通東方醫學，春山先生可藉由替他人看病來維持生計，但其後他卻再入東大學習西方醫學，此舉乃為了證實東方醫學的神效。

西方醫學是藉著影像及數據來判斷說明疾病的原因，此為外行人都容易了解的方法。可是東方醫學乃注重虛實與陰陽等十分抽象而不易了解的治療法。

東方醫學的治療能力，其實是與西方醫學並駕齊驅。可是受西方文化洗禮的日本，卻將東方醫學視為落後老舊的治療法。因此春山先生才企圖以西方醫學的觀點來詮釋東方醫學。

所以他在東大十分認真地學習西方醫學，並以優秀的成績畢業。於是設立了以西方醫學為背景的東方醫學的醫院，希望能達成自己的願望，但當時許多長輩都勸他說那樣的醫院很快就會倒閉的。其實，當時的春山先生也沒有自信。因為這個社會確實以西方醫學為重心。

於是他進修了一段時間，終於在八年前成立了田園都市厚生醫院，地址在神奈川縣大和市的東急・中央林間站。規模頗大，有二百六十個床位，目前問診的人數相當踴躍。其理由可由春山先生的話中得知。

「神賜予我們莫大的恩惠，因為人類可以分泌出使心情愉快、生活有意義的腦內嗎啡。在我的醫院裡不只是藥與手術，同時也希望能使出院的患者感覺心情舒暢、充滿活力。」

另外，春山先生所經營的全身綜合體檢醫院生意相當興盛。此醫院設立的主旨在幫助患者如何才能維持身體的健康。諸如強化腦、心臟、肝臟等功能，彌補人之弱點，並開設處方箋教人如何對應。

這種經營方式，在現代醫療領域無疑是一大挑戰。以我個人的觀點而言，其指導防範生病的方法，必定無法賺錢，此由多數的醫院都無此態度便可看出。

我並非表示此是因為醫院希望大家生病而藉此賺錢，但由最近各家醫院檢查設備齊全的情況看來，確實有此傾向。

其實多半的疾病並不需要治療，只要多留意飲食習慣就可自然治療。醫生之所以讓患者服用藥物是怕併發其他的疾病。絕大多數的醫生是反對自己及家人使用藥劑的。

然而矛盾的是，許多醫院給患者開的藥都有過量的傾向。

據說，東方醫學是主張見到病人必須有向其道歉的心態。春山先生表示，他的祖父是以此方式教導他的。對於西方醫學的醫者態度傲慢的現象，他感到十分訝異。

不過個人覺得，醫療界的未來並沒有那麼黑暗。老舊的制度雖然會拼命維護其權威性，但只要是不正確的制度與態度，必遭淘汰。在我先前的著作『未來的啟示』中，曾介紹過倉敷地區一位年輕的開業醫生篠原佳年的事蹟，治療膠原病是其專長。他透過實際的工作經驗，提出他所發現的事實及看法，相當富有啟示性。在此我將其中一部份節錄如下：

「人有心（生命、元氣、魂）和身體，由稱為元氣的生命熱能操縱身體。當生命熱能降低時，人就會生病；當熱能完全喪失時，人就會死亡。」

「不可思議的是，當生命熱能是為了自己而耗用時，其能量會一直下降，若為他人而耗用時，將會成為無限量。當熱能降低而生病時，即代表自然治癒力的降低。為了提高自然治癒力，必須相信自己有能力克服疾病。」

我發現，了解這事實的醫師已愈來愈多。春山先生認為，二十一世紀是東方醫學與西方醫學結合的時代，兩者在醫學上都有很大的貢獻。

如果社會上增加許多像春山先生及篠原先生的醫者，則日本的醫療情況，必有很大的改善。

●日本只有疾病醫學的存在嗎？

醫生、軍人、律師這三種職業愈興盛，這個世界則愈不幸。目前正面臨這樣的時代。然而在二十一世紀，不僅在醫療方面，連其他二者也會成為不景氣的行業。此乃時勢所趨，我與春山先生都抱持同樣的看法。

春山先生曾告訴我一則有趣的故事。主角是一位即將結婚的二十八歲男子，可是其未婚妻卻以「太肥胖」為由，拒絕和他結婚。這名男子的正常體重為六十公斤，可是他竟重達一百多公斤。

因此，他至春山先生的醫院請求治療，檢查結果發現其尚有肝炎、慢性胰臟炎、高血漿、高膽固醇血症。然而其本人卻一點都不知道自己罹患這些疾病，這樣的身體可說是抱著一顆炸彈一般，不知何時會爆炸。但是這位男子以愉快的心情，大約花了四十天左右，便克服了這些疾病。

在治療過程中，他完全不知道自己罹患疾病，更不知道這些疾病已經痊癒，只知道自己的身體已逐漸削瘦，而欣喜地出院。春山先生的醫院在減肥方面十分著名，其甚至誇口說：

「只要在短期間內，便可使肥胖者達到適當的體重。」

據說只要加以控制甲狀腺及腦的食慾中樞，很快便能減輕二十公斤。這對於欲投保者有很大的幫助，且不會使用牽強的減肥法。連進行胰島素治療的糖尿病患者，至春山先生的醫院後，在短期間內就不需要注射胰島素和服用藥物，而愉快地出院。

春山先生表示，在西方有運動醫學，但並無健康醫學。但在東方，以長壽、美麗、健康為目的的醫學十分發達。可是在日本所引進的卻是疾病醫學。

所謂的疾病醫學，就是指人患病後才至醫院看病。從檢查疾病到進行治療，醫生不會對患者詳細說明病因。以前，患者是十分信賴醫生的，可是現在不相信醫生的人已愈來愈多。事實上，這種不告訴患者實際病因，隱瞞失敗的診斷，以賺錢為目的，敷衍了事的治療法，在目前的社會裡比比皆是。

春山先生以東方醫學為根本，追求沒有患者出現的醫療為目的，他的理想是努力打破東方醫學與西方醫學之間的界線，建立一套真正能對人類有幫助的醫療制度。

同時，春山先生認為在診療時，必須對患者進行思想教育。例如，在序章曾提及的酒精中毒患者，在治療時最有效的方法乃是先與其建立良好的人際關係。因為以醫生的勸告與患者的女兒悲傷的懇求比較，後者自然是較有力使患者戒酒。

這時如果醫生強迫患者戒酒，其必定會反抗，認為「喝酒致死是我個人的自由，醫生根本無權干預」。可是面對自己所信賴的人，或是喜歡的人，就會產生「戒酒吧！」的意願。因為這種方式會令患者比較愉快。

依腦內嗎啡的存在來推理，人類大腦的思考結構確實如此。普通我們都不想去醫院；可是像春山先生所經營的人性化醫院，任誰都想去看看。

●依腦波來判斷復甦化或崩壞化

接下來，探討腦波的問題。一年半以來，我熱衷於腦波的研究。腦波是由腦細胞所發出的微弱電流，以波形的圖形呈現。在一秒鐘之內會振動好幾次；若一秒振動一次稱為一赫茲，十次則稱為十赫茲。

人類的腦波以腦波計測量，最多振動四十次。三十赫茲以上的腦波稱為γ波（伽馬波），十三赫茲至三十赫茲稱為β波（倍塔波），八赫茲至十三赫茲稱為α波（阿爾法波），四赫茲至八赫茲稱為θ波（太塔波），○・四赫茲至四赫茲稱為δ波（迭耳塔波）。○・四赫茲以下的腦波則無法測定。此就是各種腦波的名稱，以此來判斷腦波強弱便很容易。

一般而言，腦波低時精神容易安定；可是緊張或憤怒時腦波就會上升。在競爭時，腦波約為二十赫茲左右，受到壓抑時，則升高至二十五赫茲。過度興奮甚至超過三十赫茲。

所謂低的腦波是指在熟睡時〇・四赫茲至四赫茲的δ波（迭耳塔波），當心情平靜，且擁有感謝的心情時，為四赫茲至八赫茲的θ波（太塔波）。心情輕鬆時為α波（阿爾法波）、處理工作時或與他人見面時為β波（倍塔波），這是指一般的狀態而言。

在一九九三年七月，我曾請交情甚篤的佐賀縣立醫院外科主任矢山利彥先生替我測定腦波，其結果出乎意料之外。當時我與他聊天，按常理推斷腦波應該是十三赫茲至二十赫茲左右的β波才對。

或許因為與好友見面，心情十分輕鬆之故。可是不管多輕鬆，也應該是α波才對，然而檢查的結果卻是相當低的δ波。這是人在熟睡中才會呈現的腦波狀態。

「實在太奇怪了」，可是我們兩人檢查腦波計並無發現異常狀況。由於太不可思議，往後的三日我都繼續測量腦波，但仍是維持在δ波。

難怪我覺得無論在工作或睡眠中，我的心情都十分安定。但這結果異於正常現象，因此我開始研就腦波。

如前所述，腦波的種類依各人的狀態不同而異，但那只是一種基準而已。例如，作功課時為β波，可是有時輕鬆地讀書時，也會變成α波，甚至更低。大體而言，我可以依自己的意識去控制腦波。

我為何提及腦波的問題？這與春山先生所提的內腓肽一樣，依腦波的種類，可以了解人腦的狀態。當心情愉快時會產生α波以下的低腦波。由於如此，只要造成這種腦波的狀態，心情自然會愉快。

在春山先生的醫院裡，非常鼓勵大家瞑想。在瞑想時腦波為α波，體內不會分泌出腎上腺素或去甲腎上腺素，而是分泌內腓肽。據說指導肝炎患者進行瞑想，可以達到改善的效果。

α波顯然具有復甦化的作用，使病人的心情為之開朗，提高自然治癒能力，因而使疾病好轉。除此之外，也可使老化的肌膚恢復光澤，並且防止老化。

腦波是以十赫茲為界限，更低時，人體就會朝向復甦化。可是一旦高於十赫茲時，就會朝向崩壞化。所謂崩壞化也就是老化，意謂生銹、腐化，使熵的數值增高，且使環境日趨惡化。

復甦化則相反。其不僅不會生銹，且增加免疫力，降低熵數值，改善環境。在二年前我的頭髮開始增多，雖不似年輕時那麼茂密，但已必須使用梳子梳頭。到了六十歲以後卻反而愈來愈年輕。

當人睡眠時是朝復甦化，可是起來活動時便朝向崩壞化。而實際上，人類醒來活動的時間比較長，因而被認為整體是朝向崩壞化的。所以當人類活動時，還能釋放出α波、θ波、δ波則相當難能可貴。

若能過規律的生活，持感謝之心、肯定自己，則崩壞化就能減輕到最小的限度。以下乃春山先生對人類壽命之說明：

「東方醫學主張，人可活一百六十歲。但無實際的科學根據。在西方醫學方面，則認為人的壽命是腦發育之年數的五倍，且一切的脊椎動物都是如此。以人類而言，腦的發育會持續二十五年，所以應該可以活到一百二十五歲。

這點有學術上的根據。因此我們應該如何對應？以下列出三個要訣：

第一是飲食，所謂醫食同源的醫，不是指治療疾病的醫療，而是指健康。一旦吃錯食物必定會影響健康。

第二是肌肉，疾病多半由於血管不通暢所引起，為了預防血管不暢，便要避免肌肉衰退。因為肌肉少，表示相同飲食分量的脂肪無法完全燃燒，而阻塞血管壁，因此必須保持肌肉有彈性。

第三是頭腦，遇到事情時，您會如何對應？是積極或消極、討厭或者欣然接受。由於對應的方式不同，必會影響到健康，這些完全由大腦所控制。

若能滿足此三個條件，我確信一定能夠活到一百二十五歲。

他接著又說了一個有趣的現象。如果像我這樣都以肯定、感謝、正面想法的態度來處世，必會成為β內腓肽的化身；若是相反，就容易導致痴呆且致癌。

他又說像田中角榮先生、小佐野賢治先生這些人，對自己相當有自信，且信念絕不動搖者，從某個角度來看相當了不起，可是由於過度努力，壓抑過大，腦中必定會分泌出減短壽命的荷爾蒙，所以不能長壽。

●為什麼無法推行有良知的經營？

由腦波的強弱，可以發現疾病的存在。如果一直保持在α波以下的腦波狀態，不但不會受到壓抑，也不容易生病，即使生病也能很快痊癒。以治療癌症而聞名的森下敬一先生的醫院，強調能夠「感謝癌細胞」，也是治療癌症的方法之一。

以前，森下先生曾被國會邀請，詢問其對癌症的看法，當時他提倡「要感謝癌細胞」，結果在場人士大多付之一笑，這表示當時大多數的人並無法了解這句話的涵義。然而現在已經可以證明他的想法是正確的。

使用腦波計去測量一位經常懷有感謝念頭者的腦波，其結果如何？多半會釋放出θ波。而心情輕鬆就會釋放出α波。通常腦波愈低，表示人體是朝復甦化的方向發展。

在這一年當中，我都隨身攜帶腦波計，每當遇見可供參考的人物時，我就會測量他們的腦波。由於如此發現，事業愈蓬勃的公司，其董事長的腦波多半為α波至θ波的中心型。也有少數屬於δ波。

若腦波呈現β波的董事長，其公司的業務多半已呈現停滯狀態，並逐漸惡化。但在過去並非如此。若在十年前，腦波呈現β波並無所謂，雖在競爭時會釋放β波，但唯有競爭勝利，公司才能蓬勃發展。

如果個人的貪慾甚重，則會釋放三十赫茲以上的γ波。當不擇手段或怨恨他人時，就會釋放γ波。另外也會分泌去甲腎上腺素。這確實會減短壽命。但在過去雖然釋放出γ波，也能使事業發達，就算採取不正當的手段，只要能獲勝就好。當時，弱肉強食的理論是公然為大衆所接受的。

雖然現在競爭也很激烈，但已與過去不相同了。想不擇手段爭取勝利的人，已無法成功。因為真實的技術與真誠的人物已相繼出現。以腦波而言，目前這個時代已不適合β波與γ

波。過去我一直認為競爭原理是根深蒂固的，尤其在企業界，但事實上，這個現象卻一直在改變。

例如，前所述及的世界最大的零售業WAL-MART就是一個很好的例子。現在是屬於不昧良心、誠實經營，才能獲得勝利的時代。其實，在這個世界，任何事物都互相關連著。雖然我們是個別存在於世上，但卻是整體當中的一份子。因此個別的動向對整體也會有很大的影響。

此現象在動盪時期會更加顯著，由於個人對社會的了解程度及對應方式不同，對整個社會將會有很大的影響。處於這樣的時代中，應抱持宏觀的眼光，若以宏觀的眼光來看社會，就不會對部份的障礙耿耿於懷。「這種工作我不做」，此乃出自微觀性的看法。如果眼光過於狹隘，將無法迎合時代的潮流。

前些日子我去宮古島。在日本，已很難看到還保留許多大自然風貌的島嶼，而宮古島正是其一，但近年來島上建立了許多豪華大飯店。這是由東京方面投資建立的大飯店；無論是取景或是建築物本身都相當美觀。但早餐所提供的食物卻與東京的大飯店一模一樣，有游泳池及網球場，住一夜須花費二萬五千圓至四萬五千圓的日幣。價格高得令人咋舌。最近我與幾位要好的經商者至各地參觀時，絕不會去光顧附有游泳池或網球場的大飯店。

宮古島的海水清澈透明，在沖繩本島時，已可見到十五公尺深的海裡，可是在這裡竟可見到三十公尺深。雖擁有如此美景，卻在當地建造附有游泳池和網球場的飯店，且提供的食物竟與東京的飯店一模一樣，價格也貴得嚇人。

如果以此問題向飯店抗議，其必定會回答若不這樣收費將不合算，然而這只是狹隘的看法罷了。該島嶼富有令人讚歎的大自然風貌，所以應該要好好的利用，且收費也不應如此昂貴，這樣一來，旅客才能盡情在這美麗的島嶼停留十日或半個月，充分享受大自然。不知我的建議各位覺得如何？

現在電話及傳真設備都很發達，因此住在宮古島也能夠經營事業、接洽生意。我非常期望一些領導人物能夠多來這島嶼參觀，在原始的大自然中品嘗真正的愉悅。了解什麼才是純正的事物。

要至宮古島可由東京或大阪搭乘直航機，所以若能更經濟地運用當地的設施，我一定會不辭辛勞地替其作宣傳。若不以狹隘的合算主義為出發點，而效法 WAL-MART 創業者山姆•威爾頓先生所推行的憑頁知來經營的行銷精神，相信島上的觀光事業必定會蓬勃發展。

在宮古島上設有一個德國文化村。此乃因明治初期，德國的一艘商船在附近海域遭難，島上居民奮力援救，當時德國皇帝為表感謝，在此設立紀念碑，因而開始於此處開發新的村落。

這個歷史性的故事是一位要好的村營大飯店經理告訴我的。這家大飯店的設備完善，可容納六十人住宿。他說：「人事費比較便宜，故住一晚又包三餐只要花費八千圓至一萬一千圓日幣就相當合算了。」此處電話通訊及傳真設備相當發達，故既能洽商，也能悠閒地享受大自然。

我希望平日忙得不可開交的人，能夠以低廉的價格在此享受休閒設施。這島嶼的風景相當迷人，所以住一週左右就能夠調劑身心，放鬆心情。既然大自然是造物主的恩賜，我們就不應該以都市人狹隘的基準去開發和破壞。

●目前我們正面臨自己的計劃不能如願以償的時代

現在，追求精神上的幸福比追求金錢、物質的享受更加急速地擴大。今後若無法使顧客的心情安定，生意必定無法蓬勃發展。過去只追求物質與金錢，拼命賺錢就好，可是今後若仍維持這種心態，將無法使內心得到滿足。由於如此，經營者不能再只以經濟利益為出發點，而應將視點轉移到社會生態學。

只以利益為重心的計劃終究會失敗。所謂的計劃必須要設定規範，但未來不想被限制，而想自由輕鬆發揮自我專長者將愈來愈多。

過去由中國大陸渡海逃到香港，或由越南、寮國等地逃亡的難民為數不少，此乃因為人類天性討厭被束縛之故。當三餐不繼時，被束縛尚能忍受；一旦生活無虞後，必定會要求行動上的自由。

目前有此想法者已急速地增加。雖已擬好計劃，但未能如願以償的情形相當多，原因在此。不喜墨守成規，而希望能按自己的工作方式愉快地工作，且能配合環境而加以改變的靈活變通方式，才能夠獲得好成績。

從人腦所分泌具有使人愉快的荷爾蒙除了內腓肽外，最重要的即為多巴胺，多巴胺是人類創造力的泉源。以舒暢的心情工作，才能將自己最大的能力發揮出來。往後，經營者應多留意指導他人的方針，即注重人性的發展。由競爭邁向共生，由規制轉為自由的時代已經來臨了。

在我的公司裡，往往事先擬定好的計劃都不能如願以償。因此最近我們都不再注重計劃了。目前是一個環境變化激烈的時代，根本不可能完全按照計劃行事，何況太執著於計劃將會有所偏差。

以經濟的觀點來看，過去我們曾經歷過石油危機及日幣升值的大變化。更早之前，也曾經歷過戰敗的具大轉變。在記憶中，我們已一一加以克服這些轉變。因此大多數的人會認為，不管未來有多大的改變，只要依以往的行動模式去對應即可。但未來的變化已不再是單純的節約，或更加倍的努力就能夠克服的。

個人認為，這是以自我為中心的人類在幾千年，幾萬年之後，將面臨的一次提昇人類水準的轉捩期。有關這個想法可參考在此書之後即將要出版的『朝向未來的分水嶺』（預定由ＰＨＰ研究所出版）。即使人類過去有許多豐富的經驗也無濟於事，因為依過去的一切來預測未來是徒勞無功的，所以不須在此太費心神。

人類最大的能力是想像力與創造力。因此應該多發揮想像力與創造力。若以賺錢為目的，就應該策劃能夠賺錢的方法，在獲得利潤之後，再全部拿來救濟窮困的國家或是投資在真實技術的開發等，總之，必須有前瞻性的想法才行。

目前對美的貿易為出超狀態，但也不能過於安心。雖然我知道不太可能會有此事發生，但若美國解散合衆國情形將會如何？每一州都成立一個國家，而堅持對日本的負債是合衆國的責任，那麼我們應該向誰討回債款？

我舉的例子確實十分荒唐無稽，但美國對外貿易及財政問題都是呈赤字狀態，因此一味地向美國投資，實在是極冒風險的作法。雖然美元目前是世界基本通用的貨幣，但仍應採取能夠信任美元的手法比較明智。為避免美鈔成為完全沒有價值的廢紙，應趁現在就採取適當的手段。

那麼我們應採取怎麼樣的行動？只要按過去一般認真地工作，所賺的錢除了養活自己之外，可貢獻社會，救助貧困等，如此日幣升值也無須煩惱。

日幣升值後，物價可能會逐漸降低，連薪水也可能會減少。如此一來，近代的資本主義將會徹底地崩壞。不管世界如何轉變，各位應該儘情去尋找愉快的生活方式。因為在這世界上所發生的任何事，都是必然且必須的，所以毋須太擔心。

●與組織或夥伴之間的關係太密切會造成偏坦的心態

我確實能了解「由道具派轉為用具派」這句話的涵義。此是糸川英夫先生所創造的用語。所謂道具派是指使用道具，使自己身邊的事物都變成對自己有利的想法。可是用具派就不相同。其乃巧妙運用大自然現有的條件，而提高自己的能力。

例如生病時，想藉醫療技術殺死病菌者為道具派的想法，但藉增加自己的體力，使疾病自然痊癒者，則為用具派的想法。在道具派的時代，想依他法短暫性地消滅病菌，卻反而使病菌擴大增強。西方醫學便是採取這種作法。

然而，東方醫學是注重疾病的預防。已罹患疾病時，不會立刻採取消滅病菌的方法，而會先安撫病患。現在，西方醫學也採納東方醫學的觀點。我相信此兩者若能結合為一體，醫療水準必能夠提昇。

另外，欲過愉快的人生，必須避免建立派系。所謂的派系是指夥伴們以某種共同的目的而結合，此舉必會樹敵。以宏觀的觀點而言，太執著於某種目的是不正確的。

例如，堅持「要喝啤酒，一定要喝麒麟啤酒」、或「我要喝朝日啤酒」、「我只喝三多利啤酒」等，表示這些人的水準尚低。當然結交夥伴建立組織並沒有什麼不好，但組織內的流動性必須彈性化。不應有互相束縛對方，使大家都無法動彈的現象。

照顧自己的家人是應該的，可是如果過於偏坦，就容易萌生自私的心態。因為坦護之餘，可能會犧牲他人，甚至在朋友之間也是如此。大自然中非常排斥這種現象，能與所有人平等相處，才是最合乎大自然原則的生活態度。

為了追求這種生活態度，應該怎麼做？首先，必須擁有一顆寬恕之心。即面對任何事都能夠寬恕，如罹患疾病就寬恕疾病。因為會生病必定有其理由，因此除了想開之外別無他法。

人際關係也是如此。不要有懷恨之心，而應付出愛心。時常擁有感謝的心情，比不平不滿要來得令人愉快。與人吵架則更加不對。對人寬恕、有愛心、感謝、充滿喜悅、授權、謙虛、正直、和睦相處等，都是使人生活愉快的秘訣。

最近，有愈來愈多的人覺得，過樸素的生活比過奢侈的生活快樂。這正代表現代人的價值觀已逐漸在改變。樸素並不等於貧窮，人往往因虛榮心而喪失真正的快樂。唯有拋棄虛榮心，重內涵勝於外表，如此才能擁有充實的人生。目前有此想法者已逐漸增加，他們不再重視物質與金錢，只想追求愉快的生活。

大多數的人都了解，其實吃得太好會導致成人病。即使拼命賺錢留給後代子孫一大筆遺產，可是由於遺產稅極高，不到三代可能會化為烏有。更何況物質愈豐富的社會，反而會造成精神上的窮困。因而意識到愈簡單愈樸實的生活，反而容易得到快樂。

過樸實的生活也能夠使人生愉快的時代已經來臨了。關於這個認知是在我接觸過宗教法人．大本教之後才深深體會到的，此將於第二章詳述。大本教總部的職員田邊謙二先生，所領的薪水比普通上班族的薪水少很多，但據他說，他的精神生活卻相當的富有，比一般人更充實，於是我才發現，其實大本教是十分適合未來社會的宗教團體。

過去我的生活與宗教完全無關。未來也不想信仰特定的宗教。最近我才發現，目前的社會是一個相當需要宗教信仰的時代。

一般來說，宗教都擁有排他性。可是令我感到訝異的是，大本教幾乎沒有排他性。我曾去過在京都・龜岡的大本教本部和綾部地區的長生殿及梅松苑。任何人前往那都會受到歡迎，這種態度是毫無肯定及愛心者所無法做到的。

大本教處世的四大主義與我的想法頗為接近。其四大主義為①清潔主義、②樂天主義、③進展主義、④統一主義，令人深感佩服。

同時，宗教追根究柢都是由一位創造者所衍生出來的，因而才會有「萬教同根」的想法。二十一世紀是科學的時代，也是所有宗教回歸為一的時代，那時，宗教與科學將會相互融合。其實，科學與宗教的目的都是相同的，因此能相互融合便不足為奇了。

●使用右腦的要訣

只要了解腦內嗎啡的功能，就可知欲掌握愉快的人生，其關鍵在於腦部。

最近，大腦生理學的研究十分發達。由於如此，便發現若一直使用左腦將會促進早死。而好好利用右腦才能夠長生。會早死的生活方式，其生活過程必定相當無聊。而長生的生活方式必是愉悅且自然的。

若愉快就能長生，無聊不愉快就會早死，其關鍵可說在腦。右腦是能夠作夢、想像、發揮創造力的腦。如α波以下的低腦波和β內腓肽都是屬於右腦管轄的領域。

所以我們應該好好地使用右腦。我們的右腦儲存五百萬年以來人類的智慧結晶，超越人類、超越類人猿，更超越爬蟲類。所有屬於本能領域的資訊，全部都存放在右腦。

假設將嬰兒的右腦切除，他就不會吸吮母乳了。但切除左腦則仍保持吸母乳的本能。一般而言，語言是由左腦所支配的，但是日本人在聽或說日本話時，百分之九十是使用右腦的。

可是當日本人在說或聽外國話時，不管多精通語言的人，絕大多數是運用左腦。使用左腦容易使人疲累。然而這事實象徵著什麽?就是意謂人類為了過愉快的生活，多半會使用右腦。

使用右腦的訣竅是釋放出α波以下的腦波、或分泌腦內嗎啡。其方法相當簡單，只要經常擁有肯定、感謝、愛心與正面的思想就可以了。

人人都希望能過充實的生活，但仍是無法戰勝壓抑。其實有百分之七十至九十的疾病，多半都與壓抑有關。也有專家指出，成人病百分之百是由於壓抑所造成，這個想法其實蠻正確的。

人類是依據造物主的意志與目的存在於世的。造物主的目的就是希望人類能與造物主一起過愉快的生活。但這愉快必須建立在社會的結構與自己的水平一致的範圍內。

世界結構的重點之一在於「一切事物的存在與存在的本質，都會自然地生成發展」。我們都是存在的個體，為了使自己與自己的本質提昇，必須對動植物，及其他存在的事物之生成發展有所貢獻。

關於這點若能確實執行，人類將能永遠過著愉快的人生。人類之所以能將此道理解明，主要是基於左、右腦的構造，亦就是腦內嗎啡的存在與腦波的結構。

另一方面，造物主賦予人類能夠自由選擇的空間，可是有些人的行為卻與創造目的背道而行。這正是人類自私的本性。雖然行為已違反自然的法則，但仍覺得相當快樂，因此不會發覺本身行為的錯誤。其實這種行為所產生的愉快，只是低次元的「快樂」而已，可是我們的祖先卻在五、六千年前，就將這種快樂視為真正的愉悅。

但是造物主早已預先設定好「矯正」的基本原則，以遏止人類荒唐的謬行。最近，造物主已開始向我們施行矯正原則。如景氣低迷，常發生天災人禍等。總之，人類若想過與創造目的一致的生活，就必須由此刻開始採取行動。

所謂的真實技術與純正的人物，就是指他們所創造的技術及其本身。目前這些技術與人物已開始採取行動，以期矯正這個世界。可是這種矯正的行動，對於與創造目的背道而行的人類而言，是相當不利的。他們往往會為了鞏固自我的權益，而做最後的掙扎。

二十世紀後半是屬於掙扎的時代，目前已快結束了。在西元二〇〇〇年前後將是一個轉捩期。在往後數年當中究竟會發生何事，沒有人可以預測。但可以肯定的是，目前確實正處於轉變之中，且意識到新的時代即將來臨者，更可切身感受到這個轉變。

我們將如何迎接新的未來？首先，我們必須合乎創造目的而生活。就是擁有正確的想法，正當的行動，以愛心對待鄰近的同胞、地球全人類及動植物，並對地球環境所有存在的事物之生成發展有所貢獻。

想要過這樣的生活方式極為容易，只要能改善自私的慾望，肯定一切，凡事感謝且擁有正面的想法即可。且目前的世界正朝著此方向改變，因此唯有抱持這個觀點，才能過愉快的生活。希望各位能藉此書了解愉快的原理及實行的方法。

註一——春山茂雄　連絡處＝醫療保險（medicare）股份有限公司（〒242　神奈川縣大和市中央林間4—2—17　☎0462—76—6487　FAX0462—74—0076）田園都市厚生病院（〒242神奈川縣大和市中央林間2—6—17）

第二章　愉快生活的要訣

——從人生高手們學習生活的方法

●運用人類的特性而愉快地生活

前面曾經提過，要使地球成為人人都能夠愉快生存的星球，必須符合五個條件。第一「順從良知，過正當的生活」、第二「對自己下的決定必須負責」、第三「不做討厭或困惑的事」、第四「對社會、人類有所貢獻」、第五「追求純正」。

為了滿足這五個條件，必須要擁有肯定、感謝、愛心及正面思想的心態。為具體了解未來的生活方式，必須先了解人類的三個特性。

人類擁有其他動植物所缺乏的三種特性。第一是人類擁有地球上其他一切生命體的生命資訊（DNA）。此生命資訊包括一切微生物、植物、昆蟲、魚類、脊椎動物等，由原始生命至高等動物。

這象徵著什麼?就是意謂著人類為其他一切生命體的代表。即表示人類必須對包含這些動植物的其他生命體之生存與發展盡責。也就是說，我們必須保護這些動植物棲息的場所，如森林、海洋、湖沼、河川、天空等大自然的景觀。

第二個特性為理性。以大腦的功能來說，支配本能的邊緣系和其他動物相同，但是人類的大腦新皮質特別發達。人類之所以能建立高度的文明，乃歸功於這些新皮質，由於如此，人類才能判斷善惡。

有時，本能會和理性對立，但是人類無法像動物一樣直接採取本能性的行動，以本能的行為為優先。雖受到本能的驅使，人類也能由理性去區分道理善惡，而以理性為優先考量。

第三個特性為學習。由於人類擁有高度智慧的頭腦，故具備學習的能力。驅使此能力能夠促進頭腦的發達，因此對人類而言，學習相當重要。為何學習如此重要呢？因為學習可開發人的頭腦，使人類更理性化，而對社會有所貢獻。

人類文明之發達，學習是非常重要的因素。人類透過自我的學習，才能有所發明、發現、累積知識，並將事物體系化。不管是任何時代的人們，都會學習前人而貢獻自己，將成果留傳於後世。這些都與學習有密切的關連。

合乎創造目的的「愉悅生活」，並非無限定、無原則的任意行動，而必須合乎此三種人類的特性來行動。由於如此，人類才能得到至善、至高的喜悅。

巧妙運用此三種人類的特性，再配合自己的個性、感性、願望與嗜好而自由地行動。雖然有些人尚未意識到前所述的世界的變化，但卻已過著幸福的愉悅生活了。

去了解他們愉快的生活方式，對於那些喪失生活目標的人而言，相當有助益。因此以下將介紹一些我所認識的，悠哉過愉快生活的人，給各位做參考。

目前不斷發生一些無法預料的事，不僅摸不透未來，連眼前的情勢也無法掌握，因而使很多人陷入不安的心理狀態。然而只要了解我在前面所提到的世界的結構，必能了解以下所要介紹的人們，是如何過著二十一世紀型的愉快的生活了。

●與植物說話所得到的啟示

由於人類擁有一切生命體的遺傳資訊，因此必須對地球上所有生命體的生成發展負起責任。這是屬於人類的第一個特性。能證實這項事實者，為沖繩縣那霸市近郊的新垣哲男先生（註一）。

也許讀者會感到十分訝異，新垣先生竟然能與植物交談。不過，除了他之外，我還認識幾位能與動植物交談的人。其實，我們的DNA具備著這種能力，只是多數的人往往限制了這樣的意識，或者認為不可能，或不必要而加以淡化，因此才逐漸喪失與動植物交談的能力。

這是約十五年前的事。當時的新垣哲男先生住在神奈川縣的川崎市。某日傍晚，他趁空閒時至多摩川堤散步。走著走著便坐在堤防上遠眺景色，內心覺得無比的詳和。

由於風景極美，感動之餘不覺雙手合十向大自然感謝。正在那時，不知由何處傳來一位伯伯的聲音，他以為有人在身後，轉頭一看不見任何人影，故想或許是心理作用吧！可是在無意中卻看見身旁孤獨地綻放著一朵蒲公英。那時的季節約八月下旬，時間是午後三時左右。熱暑已將過去，隱約可以感覺秋季將至，涼風拂面吹來。

＜這個季節怎麼還會有蒲公英？可是仔細觀看，它實在長得太美了。＞

當他這麼想時，又傳來「您終於發現我了」的聲音。這聲音確實是蒲公英所發出的。新垣先生楞了一下說：「你會講話啊！」蒲公英回答：「嗯，由太古以來，我就會說話了。」這時的新垣先生感到十分震驚，對於他所提出的問題，蒲公英都能夠一一地回答，因此連續一個多小時的對談；蒲公英的聲音彷彿少女的聲音一般，柔順悅耳。

新垣先生回到家中後，驚嚇之心毫無減弱，一直在想著剛才神奇的體驗。以一般常識而言，蒲公英絕不會說話，難道是他自己在自言自語？為此，新垣先生興奮地睡不著覺。翌日清晨，他又至昨天所去的地方察看，結果又和蒲公英交談了。

起初，他以為自己的精神狀況異常而十分擔心，經過幾次的交談後，才發覺自己果然有和蒲公英交談的能力。在這段神奇的體驗中，新垣先生問了蒲公英許多人類還未能解明的問題。

他曾聽說：「若能發明增長劑，必能獲得諾貝爾獎」，為此他曾經十分好奇地想嘗試看看，而問蒲公英這種藥劑是否真能製造成功。蒲公英回答：「可以。」而後告訴他九種藥草的名稱。之後他馬上進行實驗，製成藥劑給他一些患有簇狀禿髮（Alopecia-Areata）的朋友試用，果真，約一週左右就慢慢長出毛髮。

未幾，蒲公英的花朵便枯萎了，但與蒲公英的葉子也能夠交談。當時，新垣先生約四十五歲。與蒲公英交談後，體驗成為新垣先生人生的一大轉捩點。與蒲公英交談後，新垣先生覺得人應該感謝自己的存在，唯有如此才能聽見蒲公英說話的聲音。

＜對，應該感謝。我已經許久忘了心存感謝的意念。只要加以感謝，就能夠聽見蒲公英談話的聲音，此後應該對宇宙萬物都懷有感謝之心才行。＞

由於都市忙碌的生活而忘記感謝的新垣先生，此刻已經常懷有感謝的念頭。以此契機，目前新垣先生已能與許多植物交談。但聽說並非所有的植物都會與他交談，新垣先生認為，這可能是自己的心理態度不是很誠懇的緣故。

能與植物交談的新垣先生開始十分懷念純樸的鄉下，遂回到他的故鄉沖繩。在那裡，他與許多不同的樹木、花草交談，透過與植物談話，新垣先生學到許多事情。例如，發現植物非常討厭水泥。因為道路，大樓的興建，會侵害到植物生存的空間。且多數的植物都強烈希望人類不要干預他們。

關於這點，我能夠充分地了解。位於都市中心地帶的東京•目黑區的自然植物園就是最好的例子。為了想保留二萬坪大自然綠地，曾經拼命地種植樹木。可是由人類熱心栽種照顧的植物，多半無法成長，而完全不加以干預的樹木，卻茁壯而茂盛。因而植物對新垣先生表示，不希望人類干預他們的心情，由此可獲得證實。

●自然與人類的調和最重要

目前最嚴重的生態問題乃是人類利用樹木，開發森林，以興建住宅和農業用地，雖不是蓄意的行為，卻為了自己的利益而破壞大自然。反之，若終止一切會破壞大自然的行動，則人類的生活必會出現危機。因此，雖然了解植物希望人類不要干預他們的心情，但人類也必須維護自我的立場，因而問題層出不窮。

最近，我就遇到關於解決這個問題的事例。主角之一是農學博士新城明久先生。他與我的好友ＥＭ發現者比嘉先生，都是任教於沖繩大學的教授，以甘蔗研究成為全世界頗具權威的學者。新城先生計劃在沖繩大學內的一個角落植樹，以培育一座巨木的森林。

目前沖繩並無具大的森林。這是因為沖繩特有的蔦蘿所致。其為蔓生植物，必須攀緣、纏繞樹木而生存，故使巨木無法成長。因而新城先生想一面防治蔦蘿，一面培育巨木的森林。但是新垣先生聽了新城博士的話後，相當反對他的計劃。新垣先生與植物交談的結果，認為還是維持自然的狀態，不要去干預植物的生長。

其實他們兩人的想法都是為了人類著想。主張不要除掉蔦蘿的新垣先生，是站在維護大自然的立場；而新城先生也是為了人類與自然，才想要實施這個計劃，所以兩者的主張都是艮善的。當他們來找我商量時，我也不知該如何是好。

由於如此，我提出一個想法，那就是調和。因為人是自發性的動物，必定會採取行動。即使其行為不會去破壞大自然，也必定會加以改變。因此不能將人類的行動完全否定，一旦完全否定，必會喪失人類存在的價值。

為了調和，必須活用生成發展及維持秩序的原則。當採取行動時，必須考慮是否與自然調和；不要太引人注目，而在大自然中喪失平衡感。例如像東京都廳的建築物，雖然很醒目，多數人並不覺得有美感。最近才完工的關西國際機場，雖建築物本身很壯觀，但卻無法與周圍的環境調和，而顯得格格不入。同樣是鋼鐵所建造的建築物，東京鐵塔就讓人覺得賞心悅目，這正表示其與大自然相互調和之故。

前些日子，我去十和田湖畔的王子大飯店。發現這棟建築物並沒有高過附近的樹木。由此可看出，當初設計者早已考慮到與自然調和的原則。

人類往往會找出各種理由，創造各式各樣的東西，或是改變自然。雖有時不得不考慮改變現有的環境，但在行動之餘，必須抱持著與大自然調和的原則。我對新城先生如此的建議。

●並非只有人類才有智慧

接著，我們再繼續談新垣先生的故事。新垣先生在四十五歲那年與蒲公英交談後，離開都市回到故鄉沖繩生活，至今已超過六十歲了。在這十多年當中，與植物談話學習到許多事情。其中植物對他說了一段話，使他印象十分深刻。「人類若能排除自私的本性，就能愉快的生活。在二十一世紀中，這類型的人物會逐漸增加，使世界更美好。」他不清楚植物為何了解這個道理。可能是植物完全無自私的心態吧！他們無法自由行動，即使想一展自私的行為，也無法發揮，因此植物們的想法都很純正。新垣先生說，植物彷彿是「安靜柔順的神一般」。

新垣先生表示，在培育植物時不能夠叱責。只是懷有讚美的意念，期待其長大，其就能順利地成長。據說自私者要栽培植物時，雖植物會成長，但當其本身不想再繼續被照顧時，它就會選擇枯萎。

同時，花朵很討厭被人觸摸，不論任何一種花都是如此。花朵並不是為了供人欣賞才綻開的，而是希望昆蟲能替他們繁衍後代。另外植物也表示，只要誠懇對待那些為了插花所剪下來的花朵，如此花兒就不會埋怨了。有不少教插花的老師，確實能與花兒對談。

目前，新垣先生設立友誼性質的蒲公英之友民間組織，及宇宙熱能研究中心，將自己由植物中所學習到的事物，告訴其他有興趣的人。同時在研究中心方面，也依所學習到的知識，進行對世界有幫助的發明。

有時一些求助醫生或服藥都無效的病患，也會找新垣先生談話。他曾向一位病患表示，「你應該要感謝疾病。」對方表示，「我如何能感謝帶給我痛苦的疾病！您並沒有生病，所以根本不了解我的痛苦。」這使新垣先生哭笑不得。

這位病患並不了解其中的道理。會罹患疾病必然有其理由。同時會導致生病多半必須由自己負責。亦就是說，疾病多半是由自己所造成的。疾病是讓人們反省自我生活方式的一種警惕方法。總之，聽從新垣先生的建議，而真誠地感謝者，疾病多半會自然痊癒。

依感謝而能治癒疾病的理由，如前所述的腦波和腦內嗎啡便能加以說明。當釋放出低腦波的α波及θ波時，人體內的抗氧化力會提高，而增加免疫力。依腦波的實驗，當人由衷擁有感謝的心情時，自然能釋放出θ波。這正表示，能治癒疾病的並非藥品或手術，而是存在人體內部的自然治癒力。因此對癌細胞擁有感謝之心，乍聽之下好像是無稽之談，但其實這是與大自然的結構最一致的想法。

在這二、三年當中，新垣先生不僅能與植物對話，也能和水或石頭交談。在這世界上所存在的一切物質，都由稱為粒子的極小物質所組成，且具有波動的熱能。因此有許多人提出粒子擁有意識或意志的假設，我認為他們的主張是正確的。由此來看與植物、水或石頭說話的行為，就不會覺得是不可思議的事了。我就認識許多能與動植物、礦物談話的人，且也十分信任新垣先生的能力。

聽說一些學校老師或補習班的經營者會請教新垣先生有關教育或經營方面的問題。遇此情況，新垣先生會先與一些比較合適的植物、水、石頭交談，再配合過去所學到的經驗，一一回答詢問者的問題，因此訪問他的人絡繹不絕，由此可見新垣先生對這個社會有很大的貢獻。

「並非人類才擁有智慧。不論是植物、山峰、樹木、河川、石頭等，一切都有生命與智慧。連地球本身也有生命。然而只為了自己的利益而破壞大自然的行為，是違反創造目的的。由於如此，才會引起天災人禍。」新垣先生感慨地說。

目前新垣先生正在研究由植物告訴他如何將海水轉換成淡水的方法。已經完成小規模的實驗，將海水轉換為可食用的水。新垣先生對機械可說一竅不通，因此請擅長於機械方面的年輕人當他的助手。有些著名的研究者聽到有關海水淡水化裝置研究的消息，都希望能夠前往觀摩，據說此裝置十分有趣。

據說為其助手的年輕人也嘗試依自己的能力試作翺翔於天空的羽翼。這彷彿是天方夜譚一般，但是連達文西也曾經有過相同的構想。現在的高速噴射機的原理，便是源自於達文西的構想。目前真實的技術及人物已逐一出現，因此不管發生多奇怪的現象已不足為奇。

假定在當時沒有和蒲公英交談，則新垣先生目前可能還住在川崎市。

現在新垣先生的朋友極多，同時能夠對社會有所貢獻，能與植物交談及研究新的發明，都令他感到非常喜悅。每日過著充實的人生，對新垣先生而言，這十幾年才是真正愉快的生活。

●不要讓顧客有所損失

過去地球是屬於第三階段之星球，但最近已由第三階段逐漸邁入第四階段之星球——關於這點，在我的著作『未來的啟示』中有詳細的介紹。前面所介紹的新垣先生，及待會兒要介紹的人們，就是擔任將地球提昇為超越自我的知性生命體之星球的先鋒。

這些人正是真誠的人物，且具有不可思議的共通點。即經常擁有肯定的想法，為社會及人類貢獻，自我慾望少，對不可思議的現象能夠坦率地接受，擁有感謝的意念，且過著愉快的生活。

業務蒸蒸日上的名古屋製酪公司（註二）的董事長日比孝吉先生，正是純正人物之一。名古屋製酪公司是以泡咖啡用的斯雅達奶精而聞名於世的。年度營業額為七百億日幣，全部的商品都是由自己的公司生產、直銷。這家公司正是每個月贈送無臭大蒜給固定人數的公司。

廣受歡迎且賣價高的商品，卻一直以免費的方式贈送他人。實是前所未聞的事，且一旦決定贈予，在對方沒有拒絕的情況下，將會永久的贈送。

這個構想是源自創業經營者日比社長先生，茲介紹日比先生的二十一世紀型態的經營哲學如下：

日比先生表示，二十世紀人類最偉大的創舉乃是第一次登上月球，且將所拍攝的景象傳至地球，另外則是彩色電視機的普及，能夠完整地掌握全世界的動向。

在日本所發生的偉大事件即是完成新幹線。本來由東京至大阪需要耗時三個星期，也就是二十天以上，現在不到三小時就可順利到達了。以同樣的觀點來看，日比先生使會腐敗的牛乳，在毫無加入任何防腐劑之餘，可以保存三個月以上不會腐敗的創舉，在二十世紀的乳業界可說是非常偉大的發明。

若以普通的方式儲存牛乳，最多只能維持二～三日。有時季節炎熱會加速腐敗的時間，置於冷藏庫挺多也只能放一個禮拜。可是日比先生的公司所生產的ＬＬ（永久）牛乳，卻可放置三個月到半年而不會腐敗。這種牛乳之所以不會腐敗的原理，主要是依靠牛乳本身的殺菌作用；另外就是容器的問題。其包裝並非使用瓶子，而是使用紙盒包裝。但這個決定是必須下極大的決心及突破精神才能完成的，因為在過去，根本沒有人嘗試這個方法。

當時，日比先生遇到三個選擇條件，瓶子、紙盒Ａ、紙盒Ｂ三者。但是牛乳瓶極易破碎，日比先生的公司每年必須損失三百萬日幣在破碎的瓶子上。但若使用紙盒Ａ，一年就會增加二千萬日幣的經費，若是紙盒B則必須耗費四千萬日幣。

可是為了使牛乳不會腐敗，必須使用紙盒，且以費用最昂貴的紙盒B為最理想。是否要採用紙盒？若使用紙盒應選擇A或B？這些問題一直困惑日比先生，因而他至所信仰的天理教本部詢問他人的意見。但是接待日比先生的卻是一位與經濟與經營完全無關的老婆婆。

「我應該如何選擇？」

「聽您的說明之後，我仍不太了解。不過，顧客到底最喜歡哪一種？」

「那當然是紙盒B了。」

「既然您已知道，那又何必去詢問他人的意見。」

「可是如此一來公司會虧損。」

「您指的虧損是您的公司會虧損，又不是顧客會虧損，那當然還是選擇紙盒B最好囉。」

於是他決定選擇紙盒B，結果很成功，俗話說「原則正確必能開運」。這事例即是最好的典範。

●免費贈送賣價高的商品而獲得好評

日比先生是經他人的推銷才開始使用無臭大蒜的。他自己服用後，覺得身體很舒暢。夜裡不會再起來排尿，身子也不會冷虛，眼睛也變得清晰多了。他心想，「這真是不錯的東西」。當時，至東京就學的兒子捎了信回來。

信中提及他與幾位朋友一起去某位同學家中，其母親邀請他們至餐廳用餐，在買單時發現竟付了十萬圓日幣。他覺得很不好意思，希望能表示一下謝意。於是，日比先生便送了三千圓日幣的扁麵條以示謝意。可是未料對方又回送一百塊的冷凍牛排。

假定這牛排一塊為一千圓日幣，則一百塊共要十萬圓。這使日比先生相當吃驚，所以趁東京之旅時，順便去拜訪對方。對方是一位在六本木經營肉店的女老闆，身子虛弱，且罹患好幾種疾病，不知何時會與世長辭。因此希望自己死後，親朋好友能替她照顧丈夫與孩子，所以待人特別親切熱情。由於如此，日比先生贈送一些無臭大蒜給她食用。

不久，大蒜果然發揮功能，本來這位女士的體重只有三十幾公斤，但現在已增至五十公斤，也恢復了健康。這是七、八年前所發生的事。從此之後，日比先生對無臭大蒜的效能更加有自信，因而向發明者購買製造方法後，在自己的公司研究其效能。研究的結果發現，其對白內障、高血壓、氣喘都很有效，也能治療便秘及強健筋骨。總之，益處頗多。他想，既然此物有如此的功效，則應廣為宣傳。適巧當時天理教的人來公司購買咖啡，以作為新年的贈禮，故日比先生就將無臭大蒜免費送給他。由於如此，日後無臭大蒜便成為免費的贈品了。

開始贈送後，許多人表示其確實有效而附上感謝函。但也有人表示不敢接受免費贈送的物品。日比先生為了怕他的善意受到誤解，就說服他們說：「如果您們有感謝之意，可以購買我們公司的商品。就當作我是因為這個目的才送您們無臭大蒜吧！」

至目前為止，已送了二萬五千人，其費用包括郵資，一年必須耗費二十五億日幣。乍看之下好像損失很多錢，可是自從將無臭大蒜免費贈送他人後，營業額反而急速上昇，因而就將其當作是宣傳費用。

同時，日比先生由無臭大蒜中發現許多有效的物質。如稱為Ahoen的物質，不僅有淨化血液的功能，也能夠預防癌症。對一般的成人病也頗有療效。雖已發現大蒜具有幾種有效的物質，可是依日比先生的調查，發現Ahoen是其他同種製品所缺乏的物質。

理由之一乃是，當大蒜被精製加熱時，Ahoen就會消失。而日比先生公司所製造的無臭大蒜，是將大蒜直接採取特殊製法加以錠劑化。可能是由於這種製法的關係，才保留了這種物質。

在量方面，其含量非常稀少，據說一噸重的大蒜，只能提煉一公克的Ahone，因而目前正企圖依生物工藝學來研究增加此物質的方法。日比先生表示，若能大量生產此物質，必能獲得諾貝爾獎。對社會也會有很大的貢獻，我期待此刻的來臨。

日比先生的公司過去是以歌手藤山一郎替其作宣傳，可是現在幾年已不作任何宣傳了。即將宣傳費節省下來轉為贈送無臭大蒜。結果成效良好，但若在十年前以此方法作宣傳，可能不會成功。據直覺力敏銳者表示，地玩意識普遍，是由一九八六年才急速上升的，這也與時代潮流有密切的關連。

●最高經營者的條件已開始轉變

年輕時的日比先生曾希望當一個畫家，當他正值學畫的時期，他的父母卻阻止了他，希望他能回故鄉經商。因此他不得不回家從商，在一九四六年至創辦公司的一九五二年期間，他多半從事貿易行業或是擺地攤。只要是碰上以前工作的夥伴們，大多會問他「目前再哪裡開店？」對方多半不知日比先生現在已經相當成功了。

當一個企業家是不需要有特別的才能的——日比先生曾經這麼表示過。他的雙親是天理教的信徒，由於如此，他蒙受父母賜予他的莫大恩惠。雖實際上他是一位創業者，但其卻表示「自己是第二代的經營者」，以感謝父母的恩情。

有積極的思考，能對一切懷有感謝之心，凡事不埋怨。若能努力實踐此三個項目，必能朝理想的目標發展。例如，疾病可自然治癒，事業能蓬勃發展，解除障礙和煩惱等，這些正是天理教的教示，而其中這三項可說是促使事業成功的最好方法。

日比先生認為凡事都應該要感恩。天理教的教示有表示「不忘報恩的人，必將不斷地成長」。恩情彷佛是萬物的根部，唯有將根部照顧好，枝葉才會茂盛。如果恩將仇報，根部必會腐敗。

以前，日比先生曾受到照顧過他的人邀請，去參加天理教的活動。活動結束要回家時，對方說：「我們去喝一杯吧！」日比先生立刻婉拒說：「對不起，我不想去。教主正在絕食，我怎能悠哉地去喝酒。」但是回家之後，卻因腰痛而不能動彈。其實，日比先生的舉動以微觀性的角度來看是正確的，但以宏觀性的角度來看則是錯誤的。

在他婉拒的言語中，其實多半是基於私人的因素。因為是自己不想喝酒，與教主絕食一事無關。以個人的立場而言，對方對己有恩時，應予以回報才是最重要的。

在日比先生的公司裡，聽說每個職員每月的薪水必須扣一定的金額。而所扣的金額累積至十億後，便計劃幫助因交通事故而喪失父母的孤兒。目前已累積二億五千萬日幣，一旦至五、六億後，公司會撥出一筆金額開始成立救助基金會。

日比先生表示，名古屋製酪公司的建築物是為木材所建。假如一年能夠節省耗費二十五億圓免費贈送無臭大蒜的費用，馬上就可以建設豪華現代化的辦公大樓了。如果日比先生認為公司的外觀比交通事故孤兒更重要，則馬上就可以建設新的大樓，但其認為只要全心貢獻社會，必然能夠達成願望，只是目前時機未到罷了。

坦白說，企業的興衰最高經營者有百分之九十九點九的決定權。在一九九〇年之前，能夠擴大事業，提高利潤的經營者，都具有共通的特徵，那就是自我慾望強烈，有野心，好競爭，擅謀略，且競爭能獲得勝利者，才有成功的機會。

但是現在，競爭獲勝所賺到的錢應該拿出來做慈善活動或貢獻社會，才是最理想的經營策略。沒有獲得勝利，或光說不做的經營者已不再受到重視了。以一九九〇年泡沫經濟崩潰為契機，最高經營者的經營條件已慢慢在改變。

也就是說，要由私慾轉為公慾，從競爭改變為共生，由謀略改變為堂堂正正的挑戰，且以對社會貢獻為優先。這正是掌握優勢的一種手法。由日比先生的事蹟就可知存在的價值。

只要有空，日比先生就會至天理教本部或天理教的教會去膜拜。同時日比先生也去參加該教的修行課程，在參加期間絕對不會回家或和家裡聯絡。這時公司依然照常營運；因為日比先生公司的員工都會將業務處理得很完善，不用他操心。

同時員工有時也交替至天理教本部進修。但並非所有員工都歸依天理教，其實只要擁有正面的思想，信賴他人，抱持感謝的意念，即使不信宗教也能夠順利地經營企業。然而，日比先生可說是修業愉快，經營愉快的二十一世紀型的經營者之一。

●宮古島上的神奇體驗之人

接下來所介紹的人物，是住在沖繩・宮古島的一位神奇人物。他將埋在自家約三千坪的院子中，將近好幾噸重的大石子，只以一人之力，挖數百顆出來做成很美的石庭。現在這個院子已成為宮古島的觀光名勝之一。

挖石造景的新城定吉先生（註三），住在被繁茂的亞熱帶植物所包圍的宮古島上，祈願人類能夠和平地發展。他雖然是個很奇特之人，可是我對他的想法深感贊同。新城定吉先生即是先前介紹過的沖繩大學農學院的教授新城明久先生的父親。

新城定吉先生在年輕時是一位無神論者，他認為世界上並無神明的存在，因為人類太脆弱，所以才會依賴神明。據他表示，在五十歲之前，他仍一直有此主張，因為在他五十歲之前，人生都一直相當順利。

他對自己的能力相當有自信，因此並不覺得是神明在保佑。但他年輕時，常有做白日夢或幻覺般的體驗，且從中得到啟示。

記得在五歲時，就曾有過一個不可思議的體驗。那時他與母親一起走在街上，迎面看見一位拿著簿子和鉛筆頗有氣質的男人，與兩位拿棍棒的粗壯男人，其後面跟了兩位拿白色繩子的男人，總共五位男人一起向他們走來。當時他們的談話，新城先生聽得很清楚。「我們要去奪取羊年出生者的生命。」聽到這句話的新城先生立刻保護母親說：「媽，您別走到那邊，會有生命危險的。」可是母親若無其事般地繼續往那男人的方向走去。「不行，我絕不讓你們傷害我媽」新城先生對那些男人叫喊著。那些男人看了一下新城先生後，說道「這個男孩的眼睛與衆不同，我們無法奪取這位羊年出生者的生命了，去找其他人代替吧！」而後便消失無蹤。

據說在他這次體驗後，他家附近果真有一位羊年出生的主婦，因不明原因的疾病而突然去世。

像這種不可思議的神奇體驗，新城先生遇上很多次。他曾在一處人煙稀少的山區，遇上一位揹著嬰兒的年輕女性說：「我要另立門戶，在這裡成家。」後來才知道那位女性不久就死亡了，被埋葬的地方正是那天遇見她的地方。雖有許多神奇的體驗，新城先生仍主張無神明之存在。

在三十七、八歲時，曾作一夢表示「你應該是住在平良地區才對」。且連居住的房屋外觀，隔局，也都在夢中清楚地出現，是一棟相當豪華的建築物。由夢中驚醒的新城先生想著「若能住在這棟屋子該有多好」。

當時，新城先生服務於宮古島的製糖工廠。有一天因為原料不足必須至他島調度，因而坐船經過平良，卻遇上退潮，船無法靠岸，必須等漲潮時才能行動。

由於必須等三個多小時，為消磨時間，便至附近的飯店進餐。那時飯店內有一人對他說：「我可以帶您去看一棟房子嗎？」並帶他至附近一棟很豪華的房屋，問他想不想買這棟房子。

於是，他發現這棟房子竟與夢中出現的那棟房子一模一樣。屋頂是用瓦蓋的二樓建築物，由於太過巧合使他覺得相當驚訝。當時，他突然想起夢裡的告示「您若有懷疑之心時，請走到西邊，您會發現那棟房屋的廁所設有排臭功能的塔，塔上有座風車會喀啦喀啦地轉動」。他走去看時，果真看見那座風車順風而轉動。

打開門進屋內，發現隔間也與夢中一致。新城先生果真十分心動，問那人這棟房子賣價多少。對方回答「共五千八百美元」這是美軍佔領時期的事，故以美元交易。五千八百美元是一筆龐大的金額，一時之間新城先生實無法籌出這麼多錢，可是他很想買此屋，所以回家馬上想法子籌備資金。

當時新城先生養了六頭牛，在他決定買屋的同時，那些牛竟能以極好的價錢賣出，但資金仍是不足。於是便向銀行貸款，想不到銀行也順利地貸款給他。因此新城先生買下那棟房屋，不久開始經營旅館的行業。

新城先生透過許多不可思議的體驗後，才慢慢感受到「自己的命運彷彿被無形的東西所支配著」。

●為何要挖石頭

雖然新城先生所經營的旅館賺了很多錢，可是他並沒有辭去製糖工廠的工作。在他四十多歲時，生活已十分優渥。不久，他計劃至沖繩本島創業。但在沖繩本島所經營的事業多半都失敗，因此，他認為自己並不適合都市的水土，故又回到宮古島了。

當時他已超過五十歲，父母仍住在宮古島。因為自己有田，故想栽培甘蔗儲蓄基金，卻因鼠害而全部化為烏有。以後所做的事也多不順利。並罹患赫尼亞病（一種疝疾），可說是禍不單行。

至五十歲卻諸事不順而意氣消沉時，他年老的母親訓誡他說：「這是你一直反抗神的緣故」。「可能真的是如此」他這樣想著，他至宮古島一處巫女家中求問，她所說的話也與母親相同。

歸途，突然間在腦中浮現一句話，「有不可思議的現象就有神的存在」。這時新城先生才了解，「有神的存在才有人的存在，即人、神是共存的」。

新城先生挖石的行為也是由於這種心的體驗才開始的，第一次所挖的石頭是埋在庭院東方，與鄰家土地接鄰的地方。由於石頭的一部份突出地面，走路時經常會被它絆倒。不管多留心地走，褲管仍會被這塊石頭勾住，或將鞋子卡住。

某日，他被生長在這石頭附近的葛藤纏住，因而擦撞到石頭受了輕傷。他想：「這石頭真是令人困擾，除了挖走外別無他法了。」於是他馬上去買撬桿，想撬開這塊石頭，可是這石頭動也不動。他想其底基一定相當龐大，故拿鐵撬先挖石頭的周圍，耗了一個多禮拜，才將這石頭挖出。

其重量約一噸。他將石頭豎立起來，卻好像不太穩固，且覺得石頭好像瞪他似的。因此，他將石頭的上下調換，頓時發覺原本面貌猙獰的石頭，轉而露出微笑的表情。此後，新城先生逐一將地裡的石頭掘出，想看看每顆石頭的形狀。以下乃他的心得：

「在數億年前，由自然所創造埋在地底的石頭，往往是從未見過的不可思議的形態。可是多半隱藏在地底，沒有任何人知道；這些石頭必定對我們有某些啟示才對。」（新城定吉著『宮古島的神祕石庭』月刊　由沖繩出版社出版）

其後，他獨自從早到晚，默默地將大石一一挖出。從一九八〇年五月，即他六十歲開始的五年期間，他總共由土中挖出約六百多塊巨石，總共約三十噸重。附近的居民都認為他是個瘋子。

新城先生利用槓桿原理，由土中挖出幾十噸重的石頭，看著排列在庭院中的大石，實在令人難以置信新城先生竟以一人之力將這些大石挖出。

挖石頭的過程及所得到的啟示，除了在前述『宮古島的神祕石庭』中有介紹外，在『成功與失敗的道路』及『天地連道之光』這二書中，也有詳細的記載。有興趣者可與新城先生連絡。

據新城先生表示，石頭隱藏著宇宙的熱能，若能將石頭本身的波動與自己的波動連結，必能夠感受到宛如重生般的力量。實際上我也訪問過他幾次，確實有延長壽命之感。

我在前著『未來的啟示』中曾描述有關未來地球與人類的方向，內有三點想法摘要如下：

一、本世紀末或不久的將來，人類將會毀滅。若能死裡逃生者，必須由原始人開始再重新出發。

二、未來人類將會遇上一場大災難，有許多人會死亡，可是至二十一世紀人類與地球都將迎接美好幸福的時代。

三、若人類能即時發覺純正真實的生活方式，改變目前的行為及思考模式，地球與人類將能迎接美好的未來。

然而我必須實現第三個想法——我曾經這樣寫過。如新城先生一面挖石，一面思考人生的方向，同時為人類祈願一般，可說第三個目標乃是人類必須選擇的正確方向。

至石庭與新城先生聊天，就能夠了解未來的啟示。總之，一切都是必然且必要的，唯有實際去了解，懷有感謝之心，才是做人應有的態度。

●艱難的勞動也是一種愉快的工作

據說新城先生挖了六百多塊大石後，心想「這件事終於可以結束了」。因此掘後經過二、三年，再至最初挖石的地方巡視，卻聽見「再挖洞」的聲音，這啟示彷彿是來自看不見的神祕之處。

因而他向聲音傳來的方向望去，發現那附近有顆樹，於是他開始在樹的附近挖掘。挖了約一公尺深左右，卻什麼也沒瞧見，由於他已不似以往那麼熱心，故中斷挖掘，置之不理。

經過三年後，他又聽見那個聲音說：「你到底在拖什麼，快進行挖掘。」由於如此，他不得不再繼續挖掘，又挖約五十公尺深後，由下方冒出陣陣的冷氣。

伸頭一看，發現裡面有個約六個榻榻米大的空洞，冷氣是由那裡冒出來的。他驚訝地問：「為何要我挖這個地方。」其回答：「人的眼睛和動物一樣，只能看到所能識別的物體而已。但若內心有眼者，存在於硬的地盤中的空間也能夠一目了然。若能進入想像的世界，就可以看見許多東西，這正是我想告訴你的事情。」

未幾，新城先生又再度挖掘，因此由中得到不少的啟示。由於挖各種層面的地層，故挖出許多石頭、珊瑚、貝類等化石，其形狀殊美，令人愛不釋手，可說是天然的無價之寶。

由六十歲開始挖石，至今已是第十四個年頭，也正是一九九四年了。據說新城先生最近想停止挖石，前年的二月左右便如此打算，可是實際上卻至六月傷到腰部後才真正中止。確實也是該停止的時刻了。

某日，有位女性來到洞穴旁邊，坐在一顆石頭上。由於新城先生的石庭早已成為宮古島的名勝，來參觀者相當多。故他認為這女性可能是遊客之一，因而隨和地與她聊起天來。

「妳為何會坐在這裡？」

「神叫我坐在這裡的。」

「為什麼？」

「我不知道。」

當時，新城先生覺得十分訝異，接著那位女性指著挖的那個洞口說：

「從那裡放出對人類和平有幫助之光的石頭，已經快出現了。」

「那是怎樣的石頭？」

「圓石。上面有許多小洞，會放出和平之光，它們已經快出現了。」

聽到這些話的新城先生，認為挖石的工作更不能中斷了，因此又恢復挖石的活動。雖然已挖出許多如那位少女所說的石頭出來，可是仍未發現確實具有對人類和平有幫助的石頭，因而，新城先生依舊努力地挖掘著。

這種工作對新城先生而言，可說是一種樂趣。聽說在他剛開始做這份工作時，確實不太高興為何自己年紀一大把了，還在做這種辛苦的工作；他的太太更是覺得這種行為很無聊，周圍的人也以為他瘋了。尤其在他工作時，還會覺得全身酸痛而倍感痛苦。

在挖這些好幾噸重的大石時，由於工程危險，遂不能中途停止。有時從早至晚不吃不喝，或全身被大雨濕透也不能任意中斷挖掘的工作。若想找他人幫忙時，多半得到「拒絕」的答案。

新城先生在『宮古島的神祕石庭』中這樣寫著：

「我在自家院子挖石，最深刻的體驗是，在我體力衰退的六十歲時，卻能依智慧利用槓桿原理，將二、三十噸重的重石挖出，一一豎立，這可能是在我體力充沛的年輕時期，也無法辦到的事。其實，由於某種力量的引導，我才能將埋在地底下的巨石挖起，做成石庭，這並非全靠我本身的力量。那種力量也指導我這世界的結構和道理，至今我仍由衷地感謝。」

新城先生感謝自己能有此遭遇，由於如此，他才能傾聽大自然的聲音，並坦率遵行自然的法則。目前的新城先生對生活感到相當滿足。但在其滿足之餘，仍有強烈慾望想要去挑戰新的事物，因為透過各種活動，能夠了解很多事情，使他覺得很愉快。二十一世紀的人類應該嘗試擺脫自我的慾望，尋找屬於自己的愉快方式，並將此樂趣實現。

●如何才能擺脫私慾

接下來所要介紹的是，宗教法人‧大本教（註四）的出口真人。認識出口先生是我去訪問大本教所遇到最感新鮮的事，這件事，我已在其他書中描述過。但本書之所以再提到這位人物及大本教，是由於他們朝向二十一世紀真正且充實的愉快目標邁進，雖然目前只實行了一部份，但實際上已經在過這樣的生活了。

在此以大本教的思想為中心，探討二十一世紀的愉快生活方式。

前些日子，我與日本青年會議所前任所長小原嘉文先生談話。在九四年時，日本青年會議所的方針為「珍惜一切並擴散到全世界」。我認為這個目標實在太可貴了。可是聽說日本的經濟界對此方針並不表贊同。不過財界人士的心情也是能讓人了解的。

其實，「珍惜一切並擴散到全世界」這句話，已成為全世界經營者的共同口號了。現在，許多人常常會將「珍惜一切」掛在口邊；全世界的經營者正企圖站在節約的觀點上，改造自己的企業。但是，若將這句話實際擴展成為一種社會運動，恐怕經營者就不太贊成了。這理由相信各位一定瞭解。他們心裡贊成「珍惜一切」，而在企業內部大肆提倡這個觀念，卻害怕消費者受此想法的影響，降低購買慾。

出口真人的生活方式正是經營者所害怕的方式。出口先生開的車子是一九五九年式的青鳥。只要發動引擎車子就會啟動，暖、冷氣設備及音響等也一應俱全。可是一般人不會再開這種車子，因為車型一改時，多數人往往會想把自己的車子愈換愈好。只開二、三年的車也想換新。以宏觀的角度來看，消費者若不如此，產業界就無法生存，然而，這樣的社會制度，其實是有問題的。

如前所舉的例子一般，在其它領域裡也同樣會發生此事，這正是目前經濟社會的特徵。無論任何設備製品，在尚能使用之餘，卻都加以拋棄而選擇新型的。雖知這麼做是浪費的行為，卻無法改變汰舊換新的心態。相信大家十分清楚，浪費資源必定會禍及子孫，而必須付出相當大的代價，可是人們仍是唯利是圖。

不過不需要等到子孫那一代，現在我們就必須付出代價了。有關環境污染或地下資源的枯竭，在二十年前我們總以為在子孫那代才會有問題產生，又存僥倖的心態，認為在子孫那代必可想出解決的對策，因而只圖眼前的利益，把後果都拋在腦後，且變本加利，如今連我們也遭遇到困境了。事實雖已如此，仍有許多毫無自省之心的企業人士表示：「目前並沒有妥善的解決方針」，故還是追求眼前的利益，一點也沒有改進的態度。

醫療與藥品界，目前已問題叢生。最近有些醫生很熱心學習節省醫療設備的方式，且此傾向愈來愈強烈。也有些醫生極力研究自然治癒醫療法。

同時，在外科的領域裡，也愈來愈多醫者主張「並非依靠手術就能完全治好」、「基本上將肉體內部器官暴露於空氣中是不對的」、「應多利用自然治癒力」、「由口攝取營養最重要」等。確實這些想法都是相當正確的。可是實際上仍以勸病患動手術或給患者一大堆藥的情況居多。

然而知道事實的人，在孩子感冒時會認為「只要保持溫暖，多睡覺補充體力就好」。而不會鼓勵孩子「去醫院拿藥」。其實，認為藥品是相當可怕，有副作用而不敢多吃的人已急速增加。

農業方面也是如此。在栽培出售的米時，會使用大量的農藥或化學肥料，但是自己要吃的則另外栽種，這樣的農家，以我個人就認識好幾家；因此，我們必須了解虛實的狀態。我所主張追求純正之意，即是表示未來必須要排除「虛」而恢復「實」的狀態，否則人類及地球的未來都將令人感到擔憂。

為什麼會造成這種虛假的世界?本來人類都是自私的。唯利是圖的自私心態，加上日益先進的科學技術，終於造成這種社會的狀況。我所認為的自私，自我本位主義，在大本教稱為「為己設想」，由競爭原理來看則為「強者獲勝」。

「為己設想、強者獲勝、才使世界變得如此惡劣」他們如此認為。這正是大本教教義的出發點。在我認識大本教之後才驚訝地發現，雖然表達的方式不同，但卻與我的想法不謀而合，有些信徒的想法也與我相同。此後，我嘗試去瞭解大本教，發現他們的教義單純且合理化，令人感到相當欣慰。

●萬教同宗

有關宗教方面的年鑑記載，大本教的信徒約有三十萬人左右，而據出口真人表示，實際上並沒有這麼多。真正遵守教義者大約十萬人左右，連其家族也包含在內，挺多二十萬人而已，以歷史性的宗教組織而言，這樣的信徒並不算多。

有關大本教的歷史，在教團本部備以簡冊，有興趣者可前往索取、學習。我並非宗教界的人物，也不打算推薦任何宗教，但為了幫助各位了解真正的世界，其可做為很好的參考資料。

我最感佩服的是大本教的兩大實踐教義的理念，「人類愛善，萬教同宗」和「四大主義」。自從大本教創教以來，一直主張「人類愛善，萬教同宗」。令我深深佩服兩位大本教的創教始祖，出口尚及出口王仁三郎。

所謂的「人類愛善」是意謂對地球上所住的一切人類施予愛心，「萬教同宗」則表示一切宗教的起源都是相似的，都是信仰創造主的理念。雖由古至今有許多宗教的派別，但任何一種宗教或宗派都應互相合作，朝理想世界邁進。而大本教正是以實現理想為使命。

為了達成此目的，此教展開許多具體的活動。這些活動由一九二三年以來就一直不斷地進行著，最近的一次是在一九九三年十一月所舉辦，針對在同年五月適巧滿百年歷史的長生殿，邀請全世界的宗教家一同舉行「世界宗教家的祈願和討論會」。當時由世界十八個國家來了五十多個宗教及宗派的代表，跨越宗教的差距，一起為世界的和平及人類的幸福祈禱及討論。

我看過那場盛會的錄影帶。有日本的佛教各宗派代表、斯理蘭卡的代表、猶太教代表、基督教、印度教、回教、日本的神社神道、日本其它主要的新興宗教等各宗教的代表，都聚集在長生殿，以各種形式為人類祈願。

長生殿的構造是由任何方向，任何方式去膜拜都行得通的，的確按各種宗教、宗派的方式去膜拜都可以，雖然景觀有些奇怪，卻令人感動。在大本教被稱為開山祖師的出口王仁三郎，在百年前建造此殿時，即以此構想設計該殿的型態。

現代人，尤其是年輕階層者多半不信仰宗教，所以一聽到大本教，往往會視其為極古老的宗教，然而這實在是非常錯誤的想法。大本教的信徒目前所學習的，可能是世界最尖端的資訊與知識。出口真人先生曾提出一段在九四年所舉辦的演講會中，講師所說的一段精彩的內容。

「人與神一起共生存才能得到幸福，古代文明都信仰神明，哲學家與科學家也信仰神的存在。但在進入現代的過程中，神就逐漸消失了。最近由於量子物理學的發達，神與物體與資訊、波動及心的區別已逐漸消失。若徹底追究質子、中子、原子及分子，就可發現最終是等於資訊、波動與能量。一直追究物質本身，物質就會消失——這話題實在相當有趣。」

關於這問題，在一八九八年開山始祖出口王仁三郎曾經說過「萬物的根源為活動的力量，而此源自於神」。

關於王仁三郎還有一則不可思議的事件。在一九三五年十二月八日，出口王仁三郎等大本教的一些幹部，因宗教彈壓（第二次大本事件）而被檢舉，至一九四二年八月七日才被釋放，期間經過六年八個月，這段期間一直被收押在牢裡。

另一方面，日本一九四一年十二月八日發起太平洋戰爭，結果戰敗被聯軍佔領，至一九五二年才撤消，又再度成為獨立的國家，而據說被佔領的期間也正好是六年八個月，與王仁三郎入獄時間一模一樣。

我的確相信有神祕力量的存在。其實那並非是神祕的，只是我們覺得神祕罷了。也只是我們尚未發現其中的意義與道理而已。或許日數的一致正代表著某一種啟示。

●可獲得幸福的四大主義

我個人最佩服大本敎的「四大主義」。四大主義是有關於「過怎樣的生活就能獲得幸福」的處世建言。下面乃是依出口真人先生的說明所記錄的四大主義的梗概。

一、清潔主義　人是神的分身、分體、分靈，故須維持我們靈魂的清潔。即不僅身體要保持清潔，連內心也要維持清潔。

保持身體清潔乃是基於衛生，在現代的環境中，內心的清潔更加重要。這世界到處充滿疾病、戰爭及飢餓等現象，是由於人心污染所致。目前地球所發生的不幸問題，依大本敎而言，導因「為己設想」的行為所造成的結果。

所以我們應改變「為己設想」的自我主義，維持身心的清潔，使這個世界更適合人類居住，排除對立與爭端。我最近所主張的「新人類主義」其意義即是在此。過去以自我為中心，人類為中心，眼前利益為中心的微觀想法應該徹底丟棄，取而代之的卻是合乎良知與自然的生活模式。

換句話說，身心都要清正的生活方式與大本教所主張的「清潔主義」有異曲同工之妙。過去這樣的想法往往被認為是屬於道德世界的，在現實社會中根本不可能達成。

多數的人往往認為唯有偉大的人才會過清正的生活，若是凡人則不可能做到，而一心只想做個平凡人物就好，故導致這種不良的生活模式一直惡化，不僅傷害身心還促進老化，此點依科學就可加以證明。因此未來希望能過新人類主義型的生活模式者，會愈來愈多。

二、樂天主義　人不能生活於過去，也無法生活於未來，只能生活在現代。因此在此刻應活力充沛地愉快生活。若能遵守神的旨意，萬事便能夠順心愉快。

所謂神的旨意乃是順應大自然及自己的良知，這種觀念的重點在於「只為了現代而生活」。人之所以會產生否定及不平不滿的心態，多半是由於執著於過去，或與過去的種種做比較，及對未來感到不安所致。

只依目前的時機，努力掌握，「順其自然，凡事擁有正面的想法」即可。假定遭到不順遂的事，也能以感謝的心情待之，則不可能發生不幸的事件。

這種生活方式不僅能使精神舒暢，也能促進身體健康，使人開朗有活力、表情溫和、結交益友且開運。同時在您周圍的人、動植物及環境也會跟著開朗起來。

三、進展主義　一切問題都朝向解決的過程。也許您會在某段時期特別不順遂而陷入困境，但是神是採取進展主義的，所以不會使人喪失對明日的希望，而能努力往前邁進，迎向光明。

四、統一主義　既然宇宙為一，則人類也應該一致，為了使世界能更美好，應該互相協助才是。過去人類都太過自我且只承認強者的存在，所以才使世界混亂而無法統一。其實，宗教、民族、國家、人民都是由一分裂出來的，所以應該遵從造物主的目的，使世界再度統一。

一旦統一之後，世界將趨於和平、安全、富饒。人類、動物、花草、微生物等，也都能依大自然的結構而形成有秩序的世界，帶來和順安詳幸福的喜悅。

以上乃為大本教處世的四大主義，同時以大本教的信徒看起來都極開朗、樸素、正直、自由闊達的態度而言，就可了解此生活方式才是使人類生活愉快的要訣。

另外要提的是，大本教是不須耗費太多金錢的宗教。其只是基於組織最小限度的營運財源，希望信徒能酌量捐款而已。目前的日本雖然有些宗教的教義非常深入民心，卻要耗費許多金錢。

但未來的社會不能太依賴金錢。相信未來最大的特徵乃是趨於愈單純樸素者，附加價值愈高，且萬能效果強的商品，反而以低廉的價錢出售，使人人都能夠享受。因此宗教自然也是如此。關於此點，大本教的信徒早已開始施行了。

在此，我談了許多有關金錢方面的問題，可能出口真人先生會不太願意。但其實在大本教內工作的人，薪水約爲社會一般性質工作的一半以下而已，可是他們卻能在學習到許多技藝、學問、嗜好之餘，而不感到金錢上的缺乏，此點令人感到十分驚訝。光是提及此點，就可知大本教的想法及生活方式了。

●生意的興隆應與所賺的錢成反比

接下來將介紹森田和枝女士的事蹟（註五）。森田女士是牙科醫師，在宮古島的平良地區開業。醫院名稱為「KAZU牙科診所」。九三年我至沖繩參加研習會時，森田女士也參加。那時我因臨時齒痛請她幫我治療，因而認識了她。

回東京後，她也常在電話中告訴我許多事情，受到她頗多照顧。森田女士有次邀我至宮古島玩，所以我在九四年六月，特地又去了宮古島一趟，雖為時只有一日。

當時，她辦了許多活動。我參加其中一場活動，人數約五、六百人，我向那些人講了一些話，而後與島上一些有力者共進晚餐。當時她的致辭相當精彩，令我深感佩服。

她目前擔任在全國各地都有設立的「和船井幸雄快樂地生活之會」的宮古島分會會長。是一個三十多歲美麗有幹勁的女強人。

聽說森田女士在唸小學時就下定決心要成為「親切的牙醫阿姨」。本來，牙醫給一般人的印象都是「好痛」、「可怕」的，可是她下定決心絕不給患者這種不良的感覺。於是她至日本本土求學後，遂回故鄉開業，實現自小的夢想。

她的診療所生意興隆。這自然有其理由。因為所有的醫療人員都相當注重患者，且態度親切溫柔，時常面露微笑。

有位國中女生曾對她說：「醫生，不知何故，每次我到這裡時，指甲的顏色就會呈現粉紅的顏色。」她問：「為什麼？」、「我真的不知道，但很奇怪，一回到家就不再是這種顏色。」

森田女士的診所裡，不會讓孩子產生很痛或可怕的感覺。因此孩子在此比在家裡心情更為平靜。聽說一、二歲的幼兒在治療前會哭鬧，可是在治療後就會安心睡覺。這正表現出她的親切與溫柔。

森田女士不僅治療牙齒，也熱心指導「如何防患蛀牙」。所謂疾病乃是不順從自然的生活規則才會得到，如果能夠生活正常，疾病自然不會入侵——她如此指導孩童，以減少病患的數目。

由於她的治療不會令人感到疼痛，故診所天天客滿，可是她從不因此而炫耀自己的技術有多高明。她認為孩子治療牙齒時不會感到疼痛，乃是由於孩童天生自然的堅強個性使然。

雖然她的診所生意興隆，但並沒有因此而賺錢。因為我自己也是經營者，故一目了然。不論患者有多少，只是進行保險診療是無法賺太多錢的。我覺得不希望賺太多錢的森田女士是一位極有個性的女性。

●儘量發揮各地區的優點

對於森田女士的生活方式，也受到「太過潔僻」的批評。我聽她說明之後，才知她獨特的性格是天生所俱來的。據說她的大學老師曾對她說：「妳的生活態度給人很累的感覺。」

像她這種自我慾望極少，在目前以賺錢為優先的社會中是非常稀少的。因為她對自己的生活方式有強烈的信念，所以逐漸感化周圍的人。

雖然每天診所醫務繁多，但是她的活動範圍並非只限於牙科而已。另外她也從事維護宮古島的自然，使島上更發展的運動。

由於預約的人數至三個月後都仍客滿，所以白天很難離開診所。可是幸好她的周遭有許多人贊同她，故大家都會予她協助。她還如此年輕就有這麼大的影響力，表示她的生活模式已受到大家的肯定。

她與建造石庭的新城定吉先生也是非常好的朋友。聽說新城先生曾說她是「宮古島的守衛」。目前她已在這個美麗的亞熱帶小島過著愉快的人生，可是據她說以前其實並不喜歡宮古島。

「這個島嶼過於寬廣了。蔚藍的天空、碧綠的大海，每日都是萬里晴空，絲毫找不出特別不一樣的景緻。如大學時代在關東所過的冬天，寒風刺骨，冷得讓人的神經變得相當敏銳。」

可是當她回到宮古島後，逐漸發現這個島嶼的美好，因為她發現現代的都市已經喪失了原始的大自然及所附帶的純正文化。因此她現在致力投入保存宮古島的民謠、方言及織物等運動。

通常我們會將宮古島的文化視為沖繩王朝文化之一，但依宮古島的人民表示，其實該島的文化是與沖繩本島及八重山完全不同的。聽說在以前，該島人民反而以這種特殊的文化而擁有深深的自卑感，但現在島上的人民卻極力想保護自己的文化。這種努力是相當可貴的，能擁有這種概念而努力也是一種幸運。

「日本被美國化、宮古島被本土化。戰後，這種傾向一直在蔓延著。慢慢地，我們也自然習慣於這種現象，但我覺得這是不對的。」

森田女士感慨的說。

以前，若有朋友打東京來，必定會邀請他至飯店用餐，以示熱誠地招待。可是飯店所提供的食物卻都是東京式的，這可說是宮古島的東京情結。

森田女士表示，「若是由日本本土來的客人，應該請他吃宮古島的特產苦瓜、木瓜等，我認為這才是最好的招待。」

與森田女士的生活模式相同，一方面努力工作，一方面保護故鄉故有的文化者，已有愈來愈多之趨勢，致力使故鄉的優點發揚光大。若此想法能擴大到全世界，地球必可邁向復甦之路。「地球只有一個」的意思並非指至世界各個角落，都擁有同樣的食物與設施，而是表示發展維護自己的生活領域之獨特的風俗與文化，此點由年輕的森田女士之生活方式就可發現。

本章到此結束，繼續再進行下一階段。

在本章中，我介紹許多以個人觀點認為已過著純正生活的人們。由具體的例子當中，我們可由不同的角度去學習他人的生活方式。綜合這些人的生活方式，相信各位必能找到適合於自己的愉快生活方式。

註一——新垣哲男　連絡處＝宇宙能源研究所（〒９０１－０４沖繩縣島尻郡東風平町伊覇３５　ＴＥＬ０９８－９９８－６８６７）

註二——名古屋製酪股份有限公司（〒４６８　名古屋市天白區中砂町３１０　ＴＥＬ０５２－８３１－１５０５　ＦＡＸ０５２－８３３－１１８０）

註三——新城定吉　連絡處＝ＫＡＺＵ牙科醫院（〒９０６　沖繩縣平良市字西里２３８　ＴＥＬ＆ＦＡＸ０９８０７－３－４１８４）

註四——宗教法人・大本教（〒６２１　京都府龜岡市天恩鄉大本本部　ＴＥＬ０７７１－２２－５５６１）

註五——森田和枝　連絡處＝ＫＡＺＵ牙科醫院（與註三同）

第三章

改變愉快生活的觀點

——世界不斷在改變，所以必須了解純正的生活方式

●政治與經濟所付出的代價

持續挖掘石頭的新城定吉先生，發現依自己的意志及計劃所實施的行動，其實都由自然的原則所控制。

一旦違反自然的原則，事物絕對無法順利地推行。當事情無法順利推行時，應有自覺已違反了大自然的本意。若牽強推行，勢必要付出相當大的代價。

目前受到影響最嚴重者為政治與經濟，當然也包括企業的經營。但是感覺較敏銳的經營者早已發覺這個事實，而開始從事自我的修正。現在經營及經濟的世界裡，所發生的問題多半是因為沒有適時地覺醒才造成無法挽救的失敗。

在面臨這樣混沌的時代，必須掌握正確的政治、經濟及社會情勢的眼光。如此一來，不管世界發生多麼意想不到的事情，也不會覺得奇怪。因為世界的根本結構在改變，所以這是理所當然的現象。

在混沌不明的時代裡，任誰都無法透視將來。二年前，在船井會議中當特別講師的日本新黨的細川護熙先生，並未料到在半年後，他會成為日本的總理大臣。

連他本人也沒有想到事情的結果會是如此。因此除了具有先見之明的眼光及坦誠接受的心態外，別無他法。尤其在政治的世界裡，我們往往無法預料任何事情。如柏林圍牆倒塌、蘇聯政府瓦解、柯林頓當選美國總統等，這全都是預料不到的事實。

又如日本的土地價格暴落的事件。據專家表示，在一九九〇年日本的土地時價總額高達二四四二兆圓，但在短期間內，就跌落至九〇〇兆圓以下。現在可能只有五〇〇兆圓。由此觀之，土地價格不會下跌的觀念在目前已不適用。

最近較引人注目的意想不到的事件為通貨緊縮的膠著。自明治以來，一直習慣於昂貴物價的國民覺得很奇怪。如果此現象一直持續，資本主義社會必會崩潰。而目前正朝著這個方向發展。

物價降低的原因之一乃是由於日幣升值。而此正代表美元貶值，但想要避免防止這現象相當困難。因為這會違反經濟的自然趨勢。所以在這段期間內，日幣仍會持續升值，導致物品供給過剩，而使物價下跌。

除非財政赤字急遽增加，造成嚴重的通貨膨漲，否則至本世紀末，物價可能不會上漲。當物價不會上漲則景氣會如何?那麼薪水將會降低，景氣會低迷而導致失業率增加。

通貨緊縮對本世紀的資本主義而言，可說是最壞的現象。但卻比超通貨膨漲的現象來得好。

以目前的情勢來看，不良的現象會一直發生，愈是掙扎反而陷得愈深。近代資本主義已面臨崩壞的危機。數來年，我一直主張情勢尚陷入不透明化，對於既存的「為己設想，強者獲勝」的觀點而言，勢必會有接二連三不利的事件發生，而其中之一即是通貨緊縮問題。

另一方面，新的時代之氣息已萌芽。如宇宙熱能之利用及比嘉先生所發現的EM等。通貨緊縮對既存的勢力而言是不利的，但若以循序進展的宏觀眼光而看，此乃必然之現象。近代資本主義之崩潰可視為是天理、更上位者或是神的旨意。

●以宏觀的角度來看，目前是變化多端的時代

若想要過愉快的生活，努力掌握周遭所發生的現象是相當重要的。由於掌握的方法不同，對人生的對處法也不相同，因此不要以末端來看大局，必須掌握其根部才行。

末端往往是比較複雜的。所以我們不應以微觀的眼光來看萬事，應找出通用的答案。若無法找出對一切都適用的答案，則將無法掌握對未來的正確對應方法。純正技術即是萬能的根部技術。

蒐集所發生的一切資訊，並掌握其根幹，如此，我們便可了解為何柏林圍牆會倒場、細川如何能當選總理大臣，又為何不久會辭職、為何要重視控制論，為何對東方醫學有興趣的人會愈來愈多等。一切都能加以邏輯化而提出正確的概念。

未來的世界並非競爭的時代，而是共生的時代。是自由重於計劃的時代。是生態學家重於經濟學家、樸實重於奢侈、用具重於道具、內心重於物質的時代。總之，一切都在急速的改變。

那麼我們應如何掌握這樣的變化呢？首先，我們必須視其為過去的延長，根底變化的前兆。在明治維新時，日本的變化是由封建時代轉變為現代。對我們來說，封建時代的人常會被地緣、血緣、身份所束縛。而後轉變為重視個人，重視自由乃是必然的現象。然而這些由過去的年代所延長下來的事實，實際上並無法做一八〇度的轉變。

在一九四五年曾發生很大的變化。是與明治維新時代相同的大變化，當時的財閥、軍閥、地主逐漸被淘汰，同時獨佔資本主義取代了大衆資本主義。

而目前所產生的大變化，很可能會超越前面所提的大變化。變化的原因相當多，但是通貨緊縮可能會帶來決定性的影響。依過去的情況來看，很有可能會錯覺通貨緊縮的現象為變化的本質。目前所發生的事，有百分之八十必須以新的觀點及想法去詮釋較容易了解。因此，目前所發生的最大變化，即是現代人們的觀點正不斷地在改變。

例如，產業界在中國興起一股熱潮，與當地的資本結合而急速進展，此乃因為兩者的利害一致之故。在中國方面，希望日本能投入資本、技術轉移，並促進當地的雇用機會，而日本則對低廉的勞工感興趣。不過對中國巨大的市場感興趣，以中國市場為目標的想法其實是世界性的。

然而這是必然會發生的現象，不過是在既存的價值觀之延長線上前進罷了。但事實上，也有許多人強烈指出，「一直傾向於中國的想法是錯誤的」。

在序章曾經提出，在西日本目前以發生異變。從岡山至西方的松樹已逐漸枯萎，其原因有人主張是與中國的經濟發展有部份的關連。因為在中國的海岸線上建立了許多工廠，排放許多廢氣，且無排氣的規則及限制的車輛也日漸增加。

當中國成為產業國家的出入口時，問題便層出不窮了。未來中國以工業立國，欲更發展時將會如何?為使中國及中國人民能更幸福，日本人便必須以新的想法及觀念去支援才行。

有人認為，若依過去傳統的價值觀生活，則最長的時間不會超過四十年。因為在環境逐漸被破壞的情況下，人類將無法繼續生存，關於這點，實在值得我們仔細去思量。

●改變現今社會結構的啟示

人類若繼續燃燒化學燃料，追求奢侈的生活，只追求眼前之利益的話，結果將不堪設想。以另一個觀點來看，近代資本主義不過是在挖掘地球上有限的資源，破壞生態環境，邁向崩壞的生活而已。

屬於近代資本主義的企業，必須年年增加營業額及利益，而以其經濟的架構來看，若要增加營業額及利益，勢必會毀滅人類的未來。為了解決這個問題，便出現了許多純正的技術，但實際上，純正技術很難進入其體制中，因為既存的勢力，往往只會顧慮到眼前的利害關係。

但未來若不改變這種社會的結構，將會帶來無法預料的悲慘後果。我為了探索其中的啟示，發現許多事實，以下將逐一說明：

第一，必須了解純正的人類之生活方式，而加以模仿。只要了解人既有之特性，自然能了解純正人類之生活方式。如前所述，人類的特性有三種。

一、人類擁有地球上所有生命體之遺傳資訊，同時必須對地球上一切生命體的命運負責任才行。

二、人類具有理性。是知性的生命體，目前人類尚未完全超越自我的階段，但可試著努力減少自我的慾望，能否順利由競爭轉為共生，是未來人類最大的考驗。

三、人類可藉由學習使頭腦靈活。依學習可獲得各種知識及技能，並學會對社會人類有所貢獻的生活方式。

能了解此三種人類的特性，必能學習純正的生活方式，因為除了過純正的生活方式之外，未來人類已無他路可選擇。

要改變目前社會結構的第二種方法是順應大自然的法則。不論人類多努力，都無法違反大自然營運的規則。如地震、颱風、日照等。無論科技多文明進步，也無法改變明日的天氣。對此事實，人類必須謙虛地接受，不應違反大自然的法則。

然而目前的社會結構卻與自然狀況背道而行。導致生態環境嚴重的破壞，公害不斷產生。雖純正技術順合自然的法則，但也正因如此，反而不能融入目前社會架構的體系中。這實在是不可思議的現象。

第三則是以純正為目標。目前不知純正為何者很多。純正不僅無法受到社會的肯定，大衆也不知其價值為何？但這點可由純正是否會帶來復甦化或崩壞化就可以了解。這並不是指會導致崩壞化者即是假冒的技術，只是著重眼前利益的技術必會走向崩壞化。因此，我們必須培養識別純正的眼光。

當了解純正的價值及優點後，就可淸楚地發現目前的社會結構是非常薄弱的，且正慢慢走向崩壞的方向。想了解純正的事物，就必須接近純正本身。曾有一位偉大的經營者告訴我有關於純正的定義：

「唯有真善美才是純正的。」那已是一九六〇～七〇年的事了。當時我曾經至歐洲一處非常高級的飯店住宿，嘗試培養了解純正事物的眼光。純正的最大特性是其會溶入周圍的環境中，不搶眼而調和，真正達到真善美的境界。

第四即是改變想法。但是應如何改變呢？首先就是必須對任何事都擁有肯定、感謝及正面的思想。因為在這社會所發生的一切事物都是必然且必要的。若能抱持此想法去對待所有的事情，相信必能過著愉快的生活。

本來，人是為了享受愉快的生活才誕生的，因此擁有樂觀的想法才能與自然契合。同時，擁有正面的思想才是純正的生活態度。不論發生任何事，仍能過著愉快的生活，若大家都有這樣的想法時，地球必可邁向第四階段的優良之星球。

人類有權利去做任何事情，因為造物主在創造人類時，便賦予人類自由的權利。共產主義所以毀滅而資本主義之所以殘留，乃是因為認定以自由原則的資本主義比共產主義適合於自然法則之故。

●依據自由原則的經營才能成功

未來的民主主義已不再如此安泰了。因為與自我思想一致的資本主義，凡事以競爭原理為優先、弱肉強食的社會風氣將會一直持續下去。以宏觀視野來看，自私自利者所做的事情彷彿作繭自縛。

為了使自己舒暢快樂，獲得勝利，便恣意破壞地球生態、欺壓他人，導致大量的飢餓難民，然而如此，自己的將來就能夠永遠安泰嗎？其實任誰都知道那是不可能的事。

所以，目前企圖改變固有社會結構之人已逐漸增加。在我周遭認為不必去改變的人只佔極少數。但問題是應該如何去改變？首先必須改變企圖維持自己財富及權利的既存勢力。

由於這些既存勢力仍想將這種自私的心態延續至下個世紀，故在矛盾與痛苦的掙扎中，未來二十年內，世界勢必會產生混沌不明的社會局勢，此乃短期的情勢動向，且會持續一陣子。

但是，純正技術EM已逐漸被接受，所以以另一個角度來看，世界可能會急速改變。這種變化不僅只是追求物質上的滿足而已，更重要的是追求心靈上的幸福。

我所說的「愉快的發現」正是此意，未來若無法滿足心靈上的需求及愉悅，政治、經濟、經營及市民的生活就無法順利推展。

過去只重視物質的觀念在此時已行不通了。為了達到物質上的滿足，除了必須競爭獲勝外，尚須有計劃地去執行。所謂的計劃其實只是一種策略，而此策略目前已不適用。由於策略不合時宜，故使許多事無法按計劃推行。這正是現在的企業經營者們所遭遇的問題。

雖計劃著要比前年更提高營業額，但卻很難達成實績。即使由日本最會擬定計劃的政府機構來推行，也無法完全依計劃來行事了。另一方面，以傳統的價值觀無法想像的獨樹一幟的經營方式，卻意外地獲得極高的評估，且業績卓越。

如前所述的免費贈送無臭大蒜的日比先生的經營方式正是一例。一年耗費二十五億圓日幣，以免費贈送的方式贈送他人良好物品，正是取代宣傳費的經營手法。假定依此方式能使公司的業績提昇，則其他企業必定會仿傚。

但是卻沒有任何一家公司願意仿傚，其原因在於沒有一家公司能有如此的魄力，免費贈送他人良好的物品。但日比先生以無比的信念，堅持自己的原則，結果自然相當成功。雖一開始由整個企業的財務上來看，似乎很冒風險，但此「最初的利益」完全放棄的手法，確實是能夠提昇業績的實例。

爲社會爲他人貢獻的另一實例，乃是前所提及的田園都市厚生醫院的春山茂雄先生所經營的綜合體檢。

這種體檢的方式是，「使病人在愉快心情下受診，為防範病人再度生病，醫生會開始給病人預防的處方箋。」這是春山先生為了實現「東方醫學與西方醫學之結合，所進行的具有自我特色的理想醫療法」。他是在早已知可能會虧本的情況下所經營的，可是這種方式卻大受歡迎，大衆傳播媒體爭相報導，因而不僅毫無赤字狀況，反而上門求診者大增，真是實至名歸。

醫院是生病者或即將生病者所去的場所，以「不產生病人」的醫療情況而言，春山先生感到傳統的醫院經營方式十分不理想。所以除了建立醫院之外，他還設立了綜合體檢診所，以實現他的理想。他完全不以經濟利益的觀點來衡量，這是以往所不曾採用的經營手法，但事實果真大受好評。

過去在毫無計劃之下自由地營運，多半會在激烈的競爭中輸了。但現在反而自由地營運就可以獲勝，這可說是時代的改變，即轉變為順從自然的法則。

造物主是肯定自由原則的，只要不違背創造的目的，人類都可以自由地行動。可是與創造目的背道而行時，矯正的原則就開始發生作用。

創造的目的主要是為了萬物的生成發展，及使人類能愉快的過生活，因此對於已過純正生活的人而言，矯正的原則是不適用的。因為他們擁有創造真理之愉快的心情。同時依過去的經驗，矯正的原則不會再通用，一直堅持過去的經驗者，今後將會被淘汰。目前的時代正不斷地在改變。

●員工和學生都能愉快地生活且增加自我的實力

若能讓員工自由地發揮，就能夠順利完成工作，增加員工的能力，提倡此法的是以Nescom的方式為教法的補習班之經營方式。採用Nescom（註一）方式的公司是由上班族的山本光明先生所創。原本，他請一位家庭教師來教女兒，可是並不太欣賞家庭教師的教法而開始經營補習班。

開始，山本先生請了許多優秀的老師在補習班任教，可是他們一直是以傳統的方式來教學，學生的成績始終無法有太大的突破。他問老師原因，他們回答是「學生的素質不好」。

但問學生，他們則說「老師說的都太難了，聽不懂」。因此他對數學老師提出這個問題，未料其竟大怒而辭職。

如此一來，山本先生只好扛起教數學的任務，於是他到附近一家有名的書店買了一份數學教材，但他畢竟是外行人，無法有效果地教導學生，可是身為老師又不能隨便說「我不知道教學的方法」。因此他向學生說「當然老師可以教導你們，但是要接受考試的人是你們，所以你們應該試著嘗試自己去思考，只要認真的思考應該都會懂」。不久，學生們的反應果然極佳。

讓已通曉的學生至黑板說明，結果他也能充分地了解。如此一來，學生的學習意願也相對地提高。這個經驗帶給他一個啟示，使他知道去配合學生的程度提出問題且提示重點，讓學生自己去思考答案。這種方式便稱為Nescom，目前已逐漸普及化，成為全國補習班新的教學方式。

以Nescom方式教學的補習班並無老師存在。只是由二個被稱為是導師（tutor）的工讀女學生負責。她們提出問題，讓學生自己去思考，而後請學生至黑板發表他們的解題方式。

然後再由導師判斷是否正確，若正確就加以讚美。此乃是提高升學率的一種教學方法，與傳統的單管道教學方式完全相反。

給予提示使學生能夠自己去思考，可以增加學生的自信心。再加上能夠在同學面前發表自己的看法，更可以提高學習的意願。由他人的肯定是增加自己的信心最好的方式。在興高采烈，增加自信之餘，必能夠發揮最高的能力。傳統的補習班方式是刻苦用功型的，但能愉快地學習才能使成績更理想。

我私下對Nescom的方式很感興趣，並做過種種的研究，同時認為企業及社員也可以應用此法來開發員工的能力。船井綜合研究所的員工相當多，但是普通人材入公司服務三年後，平均比畢業於一流大學，且就職於一流企業服務滿十年者更為優秀。

船井綜合研究所不會完全加以指導，而只給予提示。不論做任何事都不會加以禁止，而讓員工能夠自由地工作。因為大家都有共識，認為開始的失敗是無所謂的。

同時，公司裡嚴格交待資深的職員對年輕的新進職員不可太過詳細的指導，而對他們的質問則必須懇切地回答。但是不會對他們具體要求「應該怎麼做」。然而只要是應指導的基本事項都會予以指導。

這種方法可激發員工學習的心態。例如交待員工帶顧客至美國旅行，只告訴他們「必須帶顧客至哪裡參觀」的重點提示，以補習班之教學方式而言，也就是給予問題的提示。

總之，不會太過詳細地指導員工。但是若被質問必定會加以回答，如果沒有問題就不會予以指導。由於如此，員工們的學習意願極高。一旦有不了解之處，必定會自己去找答案或詢問資深人員。以這種方式訓練員工，持續三年後比畢業於一流大學，有十年工作經驗者的實力更紮實。此乃是我個人本身在無特別受他人指導照顧的情況下，所想到的增加實力的方法。站在學習者的立場而言，只獲得提示性的幫助有助於自我的成長與進步，是培養實力的最佳方法。

對於不了解的事，想依自己的能力去完成，剛開始是一件相當困難的工作，可是這種作法卻是最愉快的方式。墨守成規，因循舊法，將無法使自己進步。

一旦這種習慣長年累積後，對工作就不會產生愉快感。覺得工作無趣時，將無法使自己進步。人一旦習慣舒暢的生活後，勢必比較懶散，那麼想要改變就很困難了。

凡事都想辦法依自己的能力去實行，必能引導出自我潛在的能力。剛入公司雖什麼都不懂，但只要適當的指導，約一年後就可全盤瞭解。一旦到達瞭解的階段，就必須尊重其自主性，使對方的潛力能夠自由地發揮。

人是具有惰性的動物，一旦努力獲得成功之後，就會養成一種惰性。因此不應該過度干涉，讓其本身去尋找成功之道。

同時努力之人是不會認為自己是吃苦的。在旁人眼中看來，好像是極辛苦的事，但其本人卻充滿活力，志氣高昂。如此一來，便能順應世界的變化。所謂的Nescom方式即是巧妙地運用人類潛在追求愉快的願望，這無疑是一種寶貴的實例。此乃經由教育方面證明二十一世紀是愉快的世紀的例子。

●資本主義社會即將面臨結束

讓我們再看看這世界的變化，最近有愈來愈多的人抱持不需擁有土地的想法，這點實在值得令人注目。這可說是一個極好的現象。在一九九四年，各地區都有出售附帶定期租地權的房屋，及附帶所有權的房屋兩種，可是附帶定期租地的房屋多半當日就賣光了。這正表示人們已開始擁有不須要再保有土地的想法。

至二十一世紀時，認為不需擁有金錢的人也可能會出現。可在達到此境界時，會有許多預料不到的事情發生，此刻能夠擁有洞察局勢的眼光乃是最重要的。目前最能引起我興趣的乃是尖端的科學技術。

其中，最受矚目的問題乃是能源。同時在政府與企業方面，已正式開始研究有關宇宙熱能開發的技術。以下我將前一陣子所得到的資訊大略說明：

「通產省對於超傳導機的開發非常感興趣。此由第二屆國際能源專題討論會中即可發現。一九九四年五月三十日的下午，前通產省A幹部與著名的開發者B先生開了一個多小時的會議，討論有關目前能源危機的問題，他們認為國家應支援超傳導N機的開發，且對於對應能源問題的根本解決方針的意見一致。

有關研究系統是活用筑波研究學園都市的研究支援中心，設立新能源研究合作機構、官方、民間、學校一起共同研究開發。

由一九九五年四月開始，實施開發研究計劃，先提出研究開發的預算，而後計劃在三年內完成直徑三十公分的超傳導N機的實證研究。」

目前，國家已開始著手進行宇宙熱能開發的研究。所謂的超傳導N機即是使用磁鐵取出永久熱能的方式，如果實驗成功，我國將成為公開利用宇宙熱能的先例。

在二十一世紀，宇宙熱能若能被實用化，即可半永久性地生產乾淨的熱能，則毋須再使用化石燃燒或是核能。如果無須再使用主要的燃料與熱能，則勢必能夠掌握莫大的財富與權利，關於此點，必須仔細考慮對應的方針。

唯有徹底的改變，人類才能擺脫過去的價值觀，而有飛躍性的突破。一旦人類的水準提昇，地球才能由第三階段躍昇為第四階段，這正是我個人的期待。若能將現在地球上的變化視為是由第三階段轉變為第四階段的特有現象，則一切的改變都可以理解了。

有時，乍看之下，新的純正技術似乎對目前的狀況有不利的影響。為了對應這種錯覺，必須要有「所發生的現象都是必然且必要的」這種認知，因為此正是人類飛躍進步的現象。

●超越電子學的波動技術

所謂的純正技術乃是「利用普遍的原理，創造出有利於大衆的技術」。換句話說，就是「不會產生自我矛盾的自我完結型技術」。不管技術有多優秀，只要會產生公害、破壞生態環境、或帶來副作用者則非純正的技術。

過去的技術往往會產生自我矛盾的現象。例如癌的治療藥雖能夠殺死癌細胞，相對地也會威脅到患者的生命。農藥的毒性發作雖然很緩慢，可是由於經年攝取，後果也是不堪設想，這些技術往往與純正技術背道而馳。

原是為了地球及人類所開發的技術，反而對地球及人類有所危害。我所強調的自我矛盾即在此處，唯有無矛盾的技術，才是純正的技術。

目前，對地球人類所擁有的大問題，如糧食危機、能源危機和疑難雜症等困境，能加以改善的技術已逐一出現。這個事實相當的可貴。以過去的技術為基準的企業，已必須改變經營觀念及想法。例如電子技術即是一例。

現在的電子技術就是第五代的電腦技術，也被認為是支撐將來多媒體時代的技術。但我覺得其前途比現在我們所想像的，尚有一段很大的差距。

理由在於，最尖端的電腦研究已邁入第六代、第七代電腦的時代。此即是人工智慧的電腦，是超越電子技術許多的純正技術。目前在日本AI研究領域最具權威的人物為五味隆志先生，他預言下一代的電腦與目前的電腦是屬於完全不同的型態。

同時生物、工藝技術和波動技術正在發展中。其實這世界一切都是由粒子所形成，同時粒子都具有波動的現象。所以，有人認為一切存在的物體是由波動能量所形成。

依波動研究的專家表示，波動有六種類。目前我們所能了解的只有磁氣波、電磁波及電磁氣波三種，除了這些之外，宇宙中還有G波、D波、F波等。

G波是屬於將物質及事象回歸夸克的作用，D波是使能量交換及持續，F波是引起化學變化的作用。所謂的夸克即是我們目前所能想像到的物質的最小單位。

依此六種波動之組合，才造成萬物之存在，這點是可以理解的。最近有人提出，地震、水荒、嚴寒、乾旱等天災，乃是由於波動之組合與人類的意識相通連所引起的，這個意見我頗認同。

以下則說明波動技術之一例。將能夠由自己身體的一部份接受波動的裝置，安裝在自己身體的某部份，由於波動會傳至腦中，故他人所表達的意思都能夠完全理解。目前這種裝置的實驗器已被開發研究，如果此技術能夠實用化，那將是重聽者的一大福音。

人的語言也是一種波動，所以只要直接掌握波動，就可解讀他人的意思，且無論使用哪一國的語言，也都能了解對方的語意。世界上有所謂的超能力者，但所謂的超能力實際上可解釋為操作波動的技術。

我所主張的純正技術都可以波動的觀點來說明。比嘉照夫先生所研究的EM技術，乃是使用微生物的活動讓土壤復活化，使沙漠也能生產農作物之尖端技術。如果依波動理論來說明，即是依靠微生物的活動來收集㫜質的波動。

至於宇宙能源之生產也可以波動技術來說明。若以波動理論來解釋，那麼像薩伊巴巴那樣，可由空間取出物質的超能力現象，就不再是奇蹟了。

最近，比嘉先生對我說了一件很有趣的事。他說他在印度與達賴喇嘛見過面，他拼命以英語與他交談，可是卻好像無語溝通。這使比嘉先生感到很困擾。後來達賴喇嘛示意比嘉先生可以用日語交談，雖然達賴喇嘛不懂日語，卻可以了解比嘉先生的意思。

這正表示人類不論以何國語言交談，在波動上都是相同的。也就是說，不管您說「阿里加豆（日語謝謝之意）」、「Thanks」、「Dauke（德語謝謝之意）」、或是「謝謝」，其波動都能夠被接受。

薩伊巴巴已成為國際上倍受矚目的焦點人物，但他所表演的不可思議的現象，卻可依波動理論來加以說明。能夠由空間取出物質之人，在我周遭就有好幾位。若將這些人的特殊能力加以神格化，在我眼中看來是非常離譜的。

●應該加以控制競爭心

不可否認的，純正技術將會逐一地出現。但我們必須提升自我的意識水準，否則這些技術將被用於不正當的途徑。而違背造物主希望人類都能過著愉快生活的目的。

在這個混亂的局勢中，我們應該如何生活呢？其中最重要的一項即是儘量排除競爭的心態。我們總是在競爭的環境下生活，就我個人而言，也曾經是一位喜歡競爭的人。所以我對競爭的方法及效果都非常熟悉。尤其在一九六五年左右，是競爭現象最激烈的時代，往往害怕自己的競爭心會淡化，而成為一個毫無前途之人。

那時，相信競爭是善的。正如同動物世界的弱肉強食一般，弱肉強食乃是自然界的法則。只要讓對方有機可趁，自己就會被打敗。所以在尚未被打敗之前，就應該先打倒對方。唯有勝利後，才有資格去關愛他人，總之，就是不願意輸給他人。

在一九七四年的義大利之行，我與在米蘭設有總公司的義大利第一大百貨公司的副董事長拉里娜•仙蒂女士起了一些衝突，原因乃在於她說「美國人與日本人喜好競爭的心態實在令人困擾」。

當時我回答說「競爭並沒有什麽不好」。但對方卻很冷靜地答道「只要您的國家能在文化上有所成長，就能夠知道競爭是一極無聊的事了」。當時我並不太懂她所說的道理。

幾年後，又至丹麥的一家製造啤酒的公司，其董事長也告訴我「認同競爭是合理化的想法，顯然尚未達到一定的水準」。聽後我相當不愉快而悶悶不樂地回國，不久之後，才漸漸了解他們所說的含意。

其實，動物界的弱肉強食有其一定的原則。獅子是為了自己的生存才追殺最低限度的斑馬，可是若換成人類，必定會殺滅至斑馬完全絕種。同時，在競爭的社會中往往是疑心重重而隨時處於恐懼狀況的，對一切事物總是反應過度，其結果導致壓抑過重。

大約在一九八〇年左右，我開始覺得會因競爭而感到高興的人，正如歐洲人所說的那樣是屬於低層次的人。只要站在這個觀點去思考，就能夠發現許多弊害。競爭是以獲勝為目的，因此，為了勝利往往會不擇手段，即使所知道的事也不會去告訴對方，而始終在想著如何戰勝他人的策略，如此一來，將使人與人之間的關係更形惡化。

「和他人競爭好像不太好。」此後我開始這麼想。於是我摒棄競爭的心態，果然獲得了許多好處。首先，無競爭之心後，會將自己所知道的東西積極告訴他人。您告訴對方消息，對方自然也會將新的資訊傳達給您，如此一來內心便充滿愉悅，且不再感到壓抑。於是我才恍然大悟，原來使世界變遭的最大因素乃是由於過度的競爭所致。

也許您會覺得，排除了競爭之心，那麼還有什麼目標可以追尋。由小學至邁入社會，總是經過一關又一關的考試，於是造成了人們喜歡競爭及比較的習慣。「其實我覺得有競爭的精神很好，但這必須依固定的原則去進行，不論輸贏都能坦然地接受，且不會懷恨對方。」

可是競爭必然會產生自私的心態，此由奧運便能看出此點。前所提到的腦波及腦內嗎啡也是如此的，人的生理機能本來就不喜歡競爭。競爭其實是違反大自然的原則的。凡是違反自然法則的行為，必會引起不悅的情緒。所以喜歡競爭者，應以自己為競爭對象求突破才是。想要追求愉快的生活，應儘量控制無意義的競爭心。

●您能肯定死亡嗎？

接下來，我所主張的是將想法轉變為正面的思想。如前所述，造物主為了要維護這世界的基本原則，替人類建立了「只要有夢想就能夠實現」的原則。

其實這個基本原則是非常可怕的，因為人類並不是隨時都想行善事的，只是希望不要發生對自己不利的事。有時甚至希望發生壞的事情，若依大原則的觀點來看，所想的壞事自然會實現。

實際上，在這世界中，擁有負面想法的人很多。結果自然是過著負面的人生。雖然造物主創造了「只要有夢想就能夠實現」的基本原則，但卻沒有告訴我們應該擁有正面的想法。因此我們若想過愉快的人生，應該抱持著正面構想的心態。

我所主張的，「在這世界上所發生的一切事物，都是必然且美好的」乃是正面想法之必然的條件。在現實的社會中，所遭受的多半是痛苦且艱困的事，若一直耿耿於懷，憤怒或悲歎，只會愈陷入悲慘的困境。

例如，在自己的父親死時，還會想說「太好了」是極為困難且不可能的事。但也應該儘量朝著正面的想法，轉為「生死有命，死亡乃是自然之循環，無可避免」之想法。為了培養這樣的想法，則必然以肯定的態度去面對死亡。

若能肯定性地面對死亡，則其餘的事就更容易加以肯定。對人類而言，死亡是極負面的想法。其實否定死亡是非常錯誤的觀念。根據調查，宗教對死亡的看法都不是否定的。有些宗教主張做壞事會下地獄，我卻覺得那是不可能的事。

其實那不過是為了使大家行為檢點，才做如此說辭。以世界的成立，造物主創造的意志及目的來看，是不可能有地獄存在的。但是死亡並非是死後一切都結束的感覺。反而應將出生於這世界的事實視為短暫虛假的存在。

避免以自己的利益來解釋正面想法，而應尋找相似的實例證實既有的現象。當喪失親人悲慟萬分時，應嘗試回憶與自己立場相似者的應變態度，仔細觀察。當經驗累積之後，自然能以正面的想法去面對。

凡事不應以吵架或憤怒或耿耿於懷地對應。而應以樂觀的態度去面對。我擔任經營顧問多年，很少見到有負面思想而能成功立業之人。雖然有些經營者也擁有負面的思想，但在其成功的事例上必定是擁有正面思想的。

為了培養正面的想法，有成功的體驗是很重要的，亦就是去創造成功的事例。起先由最基層著手，無論如何一定要親自創造成功的事例，當培養自信心後，自然就擁有正面的思想。

人生快樂與否與遭遇的現實無關，而與「在那時有何想法」有關。不管生活環境多富裕，仍會有不快樂的時候，快不快樂端視人的習慣，所以若不抱持正面的構想，則將會終身過著黑暗的人生。

●為他人設想，自己也會感覺很愉快

不嫉妒、不羨慕他人，乃是過愉快生活的方式之一。嫉妒、羨慕，對身體絲毫無半點好處，不僅使面相變差，促進老化，更會危害到健康。其理由在於不快樂的情緒會使體內產生有害的物質。這由第一章所描述的去甲腎上腺素的分泌與腦波狀態的呈現就可說明。

每天都抱持強烈的嫉妒與羨慕的心情，確實會使人生不如意。本來所擁有的長處也會因此而抵消，而使缺點更加顯目。

然而，為何會羨慕他人？此乃由於互相比較的緣故。嫉妒他人也是如此。比較就像是一種競爭，一旦認為自己被打敗後，就會產生嫉妒和羨慕的感情。

此必定會附帶不快感、挫折感。例如友人有值得慶幸的事時，雖嘴上說著「太好了」，可是心底卻一點也不為他人感到高興。

依過去的價值觀而言，人類確實擁有這樣的感情，但這種心態往往會使自己吃虧。為了他人而使自己感覺不愉快，只會減短自己的壽命罷了。所以應以他人為榮，使自己的心情愉快才是。

但也有些學者，認為嫉妒與羨慕會促進自我的上進心。也就是利用「不服輸」的心態，做為奮發向上的契機，然而此也是基於競爭原理下的構想。我認為在二十一世紀人類就不會有這種想法，所以不須以競爭的心態來提升奮發向上的精神。

所以，見到他人高興，內心也跟著喜悅；見到他人不幸，內心也跟著悲戚。如此對雙方都有利處。

當我仍喜好競爭的那段時期，往往會對競爭對手所遭遇到的不幸，懷有幸災樂禍的心態。但我知道那種想法是非常錯誤的，但因為太執著於競爭原理之下，自然在無意識中流露出幸災樂禍的心理。

然而現在的我已摒棄這種錯誤的心態了。因此我又恢復過去年輕時的朝氣與真誠。雖然人是個別存在的個體，但在無意識中，也能夠互相的影響。所以我們不應只是一味地嫉妒或羨慕他人，應懂得去讚美他人，若大家都能抱持這種心理，世界必會開朗而光明。

有時，以為可以讓對方感到高興，結果反而引起對方嫉妒的心理，而使雙方感覺尷尬，對誰都沒有實質上的幫助。為使二十一世紀成為愉快的世紀，大家應該有讚美他人的雅量。因為人的無意識領域是可以互相影響的。

●不引人注目者乃是一種調和

在未來的時代裡，不要太引人注目也是非常重要的生存要素。因為不突兀才是自然，純正的象徵。可說真正的愉快是建立在自然樸實之上。前面曾介紹過的新城先生的石庭，雖是由好幾百個大石所建立，卻不顯得唐突或特異。

雖院中擺了將近五、六百塊大石，卻能夠保持調和。由於調和不突兀，故美感自然生成。新城先生表示「雖然我的石庭已成為觀光勝地，觀光巴士也常開來此處，但我仍限定一日只能駛進一部巴士，拒絕過多的遊客停留在此」。其理由乃在於太過喧鬧擁擠的人類，反而會破壞此處的景觀。

我完全能夠了解新城先生的心態。

一九六五年，我擔任服飾界的諮詢顧問，所以常會被邀請至名服裝設計師們的集會。當時的設計師往往都蓄著長髮、留鬍子，或奇裝異服。幾乎看不到有穿著端莊、整齊的設計家。對於這個現象，我覺得很納悶，而曾告訴他們說：

「你們實在太引人注目了。無論在服裝上的材質及款式上，由喜愛表現及創新的人所設計的衣服，普通人根本不會想去嘗試。所以應該注意不要設計過於突出，才是真正具有美感的創作。」

以宏觀的視野來看，太過突出的事物，多半程度不會太高。如果想要追求與衆不同，就應該顧慮到調和的美感。請各位想一想富士山的模樣，富士山雖很顯目，可是卻很調和。

雖不顯目，卻有其存在感，才是真正純正之物。能與周圍的環境調和，自然就可達到真善美的境界。亦就是使人感覺美好，而認為是不可或缺之物。若是人都能如此地存在將是非常美好的。

認為有無存在的必要，其判斷的基準乃在於該物是否純正。如果是純正之物，則不可能因為存在而產生不便之處。因此我們必須培養判斷純正事物的眼光。

有家十分有名的西點店。一到那家店後，他們會替客人穿上員工們所穿的店服。我覺得這種作法太顯目。我的兒子與那家店的老闆是好友，所以我曾告訴他們說「你們二人應該去看看什麼才是真正純正之物」。

我勸他二人首先去參觀的地方為綾部大本教的長生殿。這是一棟純正的日本式建築物，兼備真善美的特質。接下來又叫他們去住淡島飯店一夜，而後再至修善寺的旅館。這些都是純正的建築物，想了解純正為何，只有至真正純正的地方才是最有效的。

回來後，兒子對我說「我已經了解了。但我還想看所謂樸實的東西」。當時我剛好要到佐渡，故順便帶他去。佐渡是保存許多純正之物的風俗區。在佐渡的小神社，可看到非常道地且古雅的能劇。由於佐渡尚未觀光化，所以還有許多純正之物可供欣賞。

太引人注目的事物多半都不調和。故意蓄長髮、奇裝異服者，都是不太協調的。由於如此，他們才會引人注目。這是非常不調和的現象，所謂樹大招風。

我極力反對利用核能，因為使用核能混亂自然界的調和。放射線之所以對人體有害，乃是由於放射線會分解體內的水分，而大量排放活性氧，同時我相當反對依核能獲取能源的原理。

主張核能是非常安全的，只不過是依目前所能了解的科學程度來解釋而已，既然其會破壞自然界的平衡，就不可能完全無害。人類所必須禁止從事的，正是會破壞自然法則的行為，但在種種破壞自然生態的行為中，最典型的例子即是核能的利用。

有人認為人類曾經有幾次建立高度文明的時期，可是由於本身的素質太差，而把建立的文明又再度毀滅，於是又從原始人再出發。我的朋友，波動研究者足立育朗先生，是能和昴宿星人通訊交談的特殊人物。依他所獲得的情報，曾來過地球殖民的主要為昴宿星和獵戶座的奧利安星球的外星人。

當時由於外星人之間的感情不和睦，且經常作戰，最後因為原子彈爆發而招致毀滅，又從原始人開始生活。如此反覆了好幾次。據說在一萬年前，這兩大星系的人開始進行血液的交流。因而避免再度走向毀滅之路——這是他的推測。

其實這彷彿是異想天開的想法。但這個資訊卻很有價值。這告訴我們，人類唯有互相協助，才能維護地球的和平與生存的環境。

第三章至此結束。本章探討劃時代的技術與提供快樂的資訊，並且敍述基本的看法及純正的愉快生活方式。我們應該整理所得的資訊，不論時代如何轉變，才能夠過著愉快的生活。

註一——Nesconr 股份有限公司（〒659 兵庫縣芦屋市茶屋之町2—21 May peace 芦屋301 TEL0797—31—8637 FAX0797—31—8612 電話0120—41—0532

註二——五味隆志 applied・AI・system 股份有限司・東京連絡處（〒124 葛飾区東立石1—3—6—802 TEL03—5670—3520 FAX03—5670—7903）

第四章　肯定一切就能夠愉快地生活

——每日都可興高采烈的船井氏愉快的發現法

●薩伊巴巴的奇蹟值得相信嗎？

在一九九四年，我見過許多人，談了許多，也了解很多事。其中認為能使這世界更美的事情有三。以下將作詳細的探討。

第一則是「意念的效果」。所謂「意念的效果」即是「所想到的可以加以實現」之意，此可說是使這世界更美好之非常重要的法則。

在我的朋友中，有許多擁有特殊能力的人，其中像薩伊巴巴那樣，能由空間取出物質的人就有好幾個。當我問他們如何辦到的，他們多半會回答：「只要集中意念就可。」

也許各位仍是無法相信，但有關這個現象可做如下的解釋。其實，這世界一切所存在的物質，都是由粒子所形成。即是眼睛所無法看見的東西也是如此。而粒子都有被動（固有的振動）。此即是指存在於這世界上的物質都擁有波動的熱能。

即使連波動也存在著簡單的法則。目前我們可以推測三種主要的法則。一、高波動能支配低波動。二、同樣的波動會集中。三、不同的波動會互相排斥。此乃三種波動的基本法則。

而且波動還涵蓋質量，質量多則強，質量少則弱。如果波動高可是量少的話，對低波動但量多者不會有太大的影響。

可是，在普通的狀態下，認為高波動會控制低波動的想法是正確的。接著，要提的是有關「意念」的力量，意念的意識可視為波動。

當然，意念的波動也有高低之分。人類可發出高波動及低波動。強烈地意識好的意念，也就是以高水準發出優良性質之波動，一旦發出良質的波動，必可對周圍的一切有良好的影響力。

由此看來，若能好好運用「意念的力量」，所意念的事必能夠如願以償。以此觀點來解釋，能由空間取出物質的行為就不足為奇了。

但是人類意念的力量並不能完全充分地發揮。如果能充分發揮思考力，則所意念的事必定能夠實現，可是有時會遭到理性的阻礙或障礙，故很難儘情去發揮意念能力。所以，問題在於如何才能高明地發揮意念的力量。

通常只要加以意念，並擁有確認信心即可。將「要做什麼」或「要得到什麼」加以具體地描繪出來，就是意念化。而所謂的確認即是「必會達成」的信念。若能將此二者結合，任何事都可以實現。

以意念化及確認來做比較，意念化比較容易做到。因為人都會在腦中描繪各種情景，這正是所謂的想像，人每日都會想像，故想像的行為本身並不困難。

可是要加以確認就比較困難了。即使擁有許多想像，但要將想像實現且加以確認，就不是一件十分簡單的事。且對於不合邏輯常理之事，更難加以確信。

對於合乎邏輯者，能加以確信的人很多。例如，像薩伊巴巴那種奇蹟式的表演，有些人會完全加以相信，但我從未至現場看過薩伊巴巴表演，所以不會加以否定，但也不會將其神格化。

可是在我周圍的人當中，對於那些可以由空間取出物質的人，對他們的行為我完全加以肯定。同時那些現象也能夠合乎波動原則及物質化現象。由於如此，我才能相信薩伊巴巴及許多奇蹟式的行為。

●「深信不疑」則不論好壞都將會實現

通常自己能夠接受且確信的話，許多事情都可以實現。例如使雲消失的能力，想使雲消失，雲馬上就消失。我對周圍的人說：「您們看著吧！這是十分簡單的事。」於是雲果然消失了。參觀的人確信「加以意念就夠實現」，因此也練習讓雲彩消失的方法。由於如此，船井綜合研究所的小山政彥專務董事及好幾個職員，也能夠使雲彩消失。

當有人在我們的面前實際去做，我們自然可以確信可以如此做。可是只是看到別人成功，仍是無法置信，而想知道「為何會如此」，希望得到邏輯性的說服。為何雲彩會消失，若無邏輯性的說服，就無法加以確信。若要使雲彩消失，只要發出比雲彩本身所擁有的波動還要高的強度之波動即可。也就是依自己的意識，發出強烈的熱量，以影響雲等物質，如此雲自然會消失。而我真的能夠使雲彩消失。

其實，這並非是我擁有特別的能力，任誰也都能擁有這樣的能力。要使雲消失，其實不需要有特別的能力，而且還是不要破壞大自然比較好。在此所要強調的是，對於想要實現的事，只要擁有成功的信念必可加以實現。

但是，此能力未必是好的，且不一定都能發揮在良好的方向。一般而言，思考能力強者，必定擅長這方面的能力，可是有時反而會朝壞的方向發展。

曾有位女性告訴我，某家飯店的風水不好，叫我不要前去住宿，否則會生病。完全不信邪的我，某日與她和她的夥伴，一起前去那家飯店住宿。

我並無任何異狀，但是她確實感到身體極不舒服。那時我想起她曾經說過的話，認為非常對不起這位女性。只因為她深信不疑，則事情果然實現。

以雲消失的例子或是大飯店的例子就可知道，人類其實被賦予很強烈的「深信不疑」的力量。為使這世界更進步，我們應該好好利用此力量。唯有將此力量運用在好的方面，才能夠改變這個世界。這是我在九四年當中，第一件所確認的事。

●若繼續保持目前的狀態，最後人類會回歸於原始人

印度的拉比・巴脫拉所著的有關預測未來的書籍相當地暢銷。他畢業於印度大學後，至美國繼續求學而獲得博士的學位，回國擔任大學教授，經濟領域是其專長，其最近所寫的有關預測未來的書籍廣受全球注目。

巴脫拉主要是依瞑想來預測未來。瞑想可降低腦波，提高直覺力而預測未來，自然可能性也相對地提高。事實上，巴脫拉在一九七〇年至一九八〇年所寫的書上，預測將發生兩伊戰爭，九〇年日本的股票會暴落，波斯灣戰爭會爆發及蘇聯解體等事件，幾乎都命中。

由於如此，大家都非常關心巴脫拉對未來的預測。他與我一樣，也預測二十一世紀為一個美好的世紀，但在此之前，會經歷一段較不光明的時代。

此在他最近所著的書中也有提到，據說將會發生「世紀大混亂」。當然這與人深信不疑的力量有關，且可能性也很高。具體而言，此刻可說是未來和過去的「分水嶺」。

水由山上沖下來時，至某個地點即會分為左右，此就是分水嶺。一九九四年八月底，曾在岐阜縣的高鷲村舉辦「日本分水嶺高階層會議」，我也被安排在演講的行列中，當時在日本具有分水嶺性質的市町村的代表也都前來參加。

那時，我們至高鷲村的分水嶺公園參觀。那裡有一座大日岳，由上往下流的水在分水嶺公園分為南北兩方向。流到北方的水通過莊河流入日本海，往南方的則通過長良川而流入太平洋。見了分水嶺之後，我們都一致認為比岔路還要精彩。

如果人在岔路走錯了，還可再回來重走，但在分水嶺分向的水，則無法再回到原處。我覺得人類目前正是走向分水嶺之處。

若在分水嶺之處是往好的方向走，則二十一世紀的人類就會如在樂園一般，邁向繁榮的大道；但是若走錯方向就會回歸為原始人。目前，人類正處於分水嶺的階段，開始要走向分向之途。

既然如此，在今後的數年間，將是最困難對應的時期。實際上，為了要證實這種現象，至九四年末的二個月期間，在我的周遭就發生了許多事件。

首先是雷斯特・布朗先生在十一月四日訪日。他是洞察世界情勢研究所的創始者。所謂洞察世界情勢研究所就是地球的環境保全和經濟發展情勢的美國民間專家集團，以發表『地球白皮書』的年度報告及雙月刊雜誌『WORLD WATCH』而聞名於世。

依紐約時報的報導，雷斯特・布朗先生是目前對世界的環境問題最有影響力的輿論領導者。他比我小一歲，但卻非常有名。

他訪日的主要目的，乃是接受旭玻璃公司為表提他的長年功績所頒給他的blue-planet獎，順便進行他與我在電視上的對談節目，可是後來因為雙方交談意見不一，故使對談的過程極不順利。

為何我們的意見不一致?此乃源於對談的開始他即說道：「目前世界的人口約五十多億，但至西元二〇二〇年就會達到八十五億。如此一來，人類不論多努力，地球上的糧食生產能力也無法供應八十幾億的人口，因此人類必須控制人口的成長。」

我在京都大學是學農業經濟的，雷斯特・布朗先生也與我相同，是農業經濟的專家。他曾服務於美國農務部，可說是農業與糧食問題方面的專家，但他卻對世界上的糧食問題提出悲觀的看法，這點使我很訝異。

由於如此，我便問他是否知道EM為何?他回答：「完全不知道。」接下來我又問他是否知道hyponica，他的回答仍是否定的。因此我發現，這樣的對談根本不可能投機。

其實，我的訝異是有理由的。因為事前早已安排雷斯特•布朗先生訪日的事宜，有關與我對談的EM技術之英文資料，早已事先寄給他了。如果他早就閱讀過那些資料，肯定就不會說出先前的那番話。

EM技術若能普及於世界，則以最低估計，十年後必能生產滿足百億人口的糧食，關於這點，EM技術的發明者比嘉先生在他的著書『拯救地球的大變革』（由Sun mark出版社出版）中，曾清楚地說明，我也認為是十分可能之事。同時依hyponica（水氣耕栽培法），一株番茄樹可生產一萬二千個番茄。在他尚未了解尖端的農業純正技術之前，怎有資格談論有關糧食的未來論。

於是，上午的對談因話不投機而中斷。但是下午在高輪王子大飯店所舉辦的研討會則完全不同，是一場非常有意義的會議。

此會議由雷斯特•布朗先生與日本環境問題研究權威高木善之先生兩人對談演講，最後再由我加以總整理，出席者甚眾。

下午聽了雷斯特•布朗先生的話得知，他因為過於忙碌，所以無法事先研究EM技術及hyponica的資料。但是有關環境問題卻知道十分詳細。高木先生在這方面也是專家，故由二人的對談中，我學到很多事情。

例如，人類還不改善既有的想法，仍企圖一直往不利的方向邁進，則至二〇三〇年～二一〇〇年，人類將無法生存在地球上。假定仍有少數人存活，多半也與原始人無異。因此，人類必須要改變想法及行動——這是他們兩人共同的論點。這與數年來我所堅持的想法一致。

●日本存在著波動水準高的島嶼

一九九四年十二月，我與直覺力相當優秀的十位朋友一起至琉球本島與宮古島。在那裡，與住在當地的新垣哲男先生和新城定吉先生見面，談論有關人類所發生的變化。那時，大家的意見相同者如下：

一、約在十年之前，人類開始擁有想依自己的良心，由第三階段邁向第四階段的集體意識，並且下決心去執行。

二、依此意識，有部份的先鋒已開始展開行動。另一方面，地球的意識波動也急速地提昇，而正式邁入第四階段的轉捩期。

三、此乃是依宇宙規模來掌握幾億年來才有的一次大變化，因此會伴隨許多意想不到的事情。

四、這些大變化由多數的宇宙知性意志加以觀察，故若無發生特別的事件，地球不可能會再回到第三階段。

大家對這些觀點的看法一致。我個人也認為這些看法是正確的。當我由宮古島回東京後，某次在我所主辦的直覺力研究會中，很巧合的談起幾乎相同的話題。依此情形就可了解，這世界正逐漸在改變。

可是，為何要至宮古島談論這些問題呢？日本擁有許多島嶼，可能各位會認為為何要執意在宮古島進行討論，其實這當中是有理由的。十二月初，我的一位朋友建築家足立育朗先生，在前往宮古島開會時，突然擁有強烈的直覺力，因而對當地的人說了一席話。

「我由沖繩至宮古島時，發覺一些問題。目前在日本，波動最高的島嶼乃為宮古島。（假定將第四階段的波動視為陽性的話）沖繩本島目前是處於陰性的狀態，同時日本本土也是屬於陰性的狀態。但是宮古島卻呈陽性的傾向。波動有傳播的特性，因此希望宮古島的居民能將此良好的波動提高。若是宮古島的波動能傳至沖繩本島，沖繩本島必定會有所改善。沖繩本島能夠改善，日本本土必定也能夠改善，一旦日本改善，則將能影響全世界」。

我充分了解足立育朗先生的想法。宮古島上有許多似新城先生般不可思議的人物，也有不少如石庭般不可思議的場所。唯一的市鎮平良市，市長伊志嶺亮先生，本身是位醫生，非常珍愛自然及人類。

足立先生曾說，某一個星球的熱量光點正埋在新城先生的石庭下。像岩石那樣擁有六百多個凹凸不平的大石，豎立在三千坪左右的石庭裡，或許初次來訪者見到會覺得很可怕。但仔細觀察後，會發現有一股奇妙的調和感。

這得要實際去參觀後才能體會。我在一九九四年六月四日，第一次拜訪新城先生的石庭。在庭院行走時，會感覺石頭在叫著自己的名字。在石頭的面前感覺到一股莫名的舒暢感。我對新城先生說「好舒服呀！」他回答「很多人也曾這麼說過」。在和自己的波動一致的石頭面前站立一、二個小時，會使人充滿活力。

但在另一方面，這個石庭也會讓人覺得很害怕，當做了昧良心的事，或有增恨之心的人，是不適合來此石庭的，有時甚至會在此處受傷或是生病。有位直覺力敏銳的黑澤綾女士曾說，「對石庭波動感覺不高者，或者只懷有自私、自我行動之人，石庭對他們而言是很可怕的。」

也就是說，石庭對順從良知生存的人，會帶給其朝氣，健康和年輕的活力，可是若對昧著良知的人，就會產生負面的效果。為何會有這個不可思議的石庭？可能是因為宮古島上尚有許多我們所不知道的神祕力量。一提到沖繩，大家都知道飯匙倩在此相當有名，但是在宮古島上並無毒蛇出沒。據說蛇一帶至此島便會死亡。站在復甦與崩壞的立場來看，宮古島是完全屬於復甦化的島嶼。

本來，宮古島上的食物及水源十分充足，可說是個富饒之島。但近年來卻發生了許多問題，其中之一即是水源不足的問題。這可能是過於推廣休閒活動的結果。

目前，島民正在積極研究如何保存大自然及宮古島本身的優點，並且加以發揚光大。此現象令人十分欣慰。

接下來，我將說明為何特別重視宮古島的理由。

●「第一百隻猿猴的現象」已逐一發生

我在九四年的六月及十二月二次前往宮古島，這二次都有許多人在島上討論事宜。聽說在這島上認識我的人很多，所以我在當時提及有關「第一百隻猿猴現象」的例子。雖此島面積不大，但大多數的人都努力想維護自然，且人情味濃厚。每個人的想法都很正確。

當我看到此情形，才會覺得「宮古島在日本彷彿成為最初的第一百隻猴子的效應」。

關於「第一百隻猴子」的內容如下：大約四十年前的事，在宮崎縣的東海岸上有個幸島，那裡有許多野生的猿猴棲息，有個人經常帶甘藷來此餵食，某日，有一隻母猴拿了甘藷至海水洗後才吃。

看到這個舉動，其他猴子也開始模仿母猴的行為，過了數日後，其他的猴子在吃甘藷之前都會先以海水洗滌，即使是離開那裡很遠的高崎山及其他地方的猿猴，也都有這個習慣。此乃意謂在特定的集團內有相當數量的個體，開始進行某一種特定的活動後，必會傳到很遠的其他集團內。這表示人或動物的心，實際上是由某種看不見的因素所連貫。

這就是所謂的「第一百隻猿猴的效應」。從這個現象被發現以來，世界各地的動物學者及心理學家都紛紛進行各種實驗。同時發現此現象不僅存在人類或哺乳類中，連鳥類或昆蟲也有這種效應。

當某處的某人開始進行良善的活動時，集團內必會有人模仿。當此現象達到固定的百分比時，即使在很遠之處，這種現象也可以傳達。

最重要的是，當發現良善的舉動時，應該要有人儘快地模仿而付諸行動，否則此現象就難以產生。

在宮古島及宮古島群島的人口，只有五萬人左右而已，但在宮古島上所發生的行動，說不定會引起「第一百隻猿猴」的效應。正如足立育朗先生所指出的現象一般，良好的效應可由宮古島傳至沖繩、沖繩傳至日本本土、再由日本傳到全世界。況且宮古島上的居民多半樸實真誠。

由於了解這個事實，在宮古島上想擔任「第一百隻猿猴現象」推廣之人不少。因此，在日本若有衆多這類人士起而表率，則必能將此傳至全世界。

●說不定日本人會改變世界

為使世界更美好，我在九四年所確認的第二項目是「日本人已開始在改變」。然而到底轉變為何方向？其答案自然是好的。關於這個問題有三點可供說明。

其一就是日本不斷發展出新的純正技術。當然發明在其他國家也常發生，但以日本為最頻繁。因此令人覺得將世界轉為美好之鑰，可能是由日本所掌握。

目前，日本人很積極地創造有趣的商品。不論在人工智慧的領域，或是與微生物，波動有關連的技術，無一不令人驚歎。

在此介紹我所認識的純正技術之一例，不懂得雷斯特•布朗先生的建議為何？但目前在北海道已開發出能半永久性保存生鮮食品的技術。

關於這項技術，在九四年底北海道政府已公開發表，所以各位可能已經知曉，目前正在我的公司進行分析建議和指導。其技術為不論是魚、肉、蔬菜，都能在新鮮的狀況下半永久性的保存，尤其是蔬菜已能完全加以保存。

目前世界上的飢餓者衆多。在過去，生鮮食品約有百分之六十應無法保存而全部拋棄。也就是根本還沒食用，或腐敗或其他理由等就必須丟掉，實在十分浪費。

因此，生鮮食品若能半永久性的保存，便是將所丟棄的百分之六十加以運用。若能將此技術擴展到全世界，則以目前糧食生產的水準來看，想提供百億人口之糧食是毫無問題的。

在千歲地區有家農協興產公司，由其北川直樹先生所開發的技術乃為純正的技術。常有人主張人口增加及糧食生產力已到達界限，可是若人類按自己的良知與大自然融和，則不管人口增加多少，地球都有足夠的能力可以蘊育萬物的。

接下來再介紹另一種技術發明品。最近我曾嘗試過光鍼。所謂的針灸乃是東方醫學的精髓之一，但由於針直接扎在皮膚上，故會令人感覺疼痛，且至針灸醫院治療也很耗時間，加上有人害怕扎針會發生後遺症，故頗令人擔心。

但光鍼並非依靠針，而是藉由光點照射穴道，因此完全沒有顧忌。且只要知道穴道的位置，就能夠自我治療。目前光鹹仍處於實驗的階段，所以無法完全保證確實有效，但由理論上看來，應該是極有效果的。

目前世界非常需要這些技術普及化。且這類的技術也積極地在開發。以一般傾向看來，利用波動的商品技術比較多。

日本人開始改變的第二項目是女性變得很活潑，且對社會有很大的貢獻。開發ＥＭ技術的比嘉先生也肯定這項事實，其實ＥＭ的現象是女性所創造的。由於她們在使用上感覺很方便，故很快就加以普及化。這即是大變化之一。

第三個變化即是順從良知的行動急速增加。例如農家已停止販售含有農藥的農產品。醫生及藥局也強調唯有對患者真正有幫助的藥品才會出售。同時證券公司的人員也不再推薦會使顧客吃虧的股票。

●到處都可看見意識的變化

日本及日本人已開始改變——我獲得此種感觸的經驗還有不少。例如，我在九四年十一月至高松一行所發生的事即是。

高松是我所喜歡的都市之一，也是著名的EM普及場所，所以在此我認識的人頗多。聽說在高松引進EM技術的動機，是起於市公所的職員久保隆彥先生的太太，她的手曾嚴重受過傷，當時我也曾前往探病。

當時，久保先生及太太都笑著說：「只是手受傷而已。」其實，久保太太的左手小指及無名指都已喪失，但其樂觀的心情確實令人感到十分訝異。

久保先生說：「EM的普及已經變成膚淺的型式，此乃由我妻子的手受傷後才發現這項事實，因此今後應該更腳踏實地地推行才是。」久保太太說：「由於我的受傷，才能使他人得到警惕，所以幸好受傷的人是我而不是他人。」由此可知，在這裡也有正面思考及肯定想法的人，因而確定目前的社會正朝著良好的方向邁進。

在高松市有「美土理之里」，即減少垃圾的推行店。我在拙著中曾經介紹過，此乃讚岐烏龍麵店「金泉」的女兒所創辦的事業。最近我也曾去那家店參觀他們活動的情形。

減少垃圾推行店「美土理之里」的創業精神是「只賣對身體有益的商品」。這種想法我非常贊同。他們在不過約二十坪左右的空間裡所設置的蔬菜、水果等賣場非常簡陋，令人擔心這樣是否能繼續生存下去。

其賣場上，所有的商品種類之陳設與擺放，都只是放置在地板上的紙箱內而已，並無什麼特別的設計。

「雖有二十坪的空間，可是每年的營業額大概只有一千萬圓。」這回我去店裡參觀，發現幾乎已無商品，於是我這麼想著，這樣的店有人會來嗎？

減少垃圾的店中有蔬菜、水果、洗潔精或浴室洗潔用品等專櫃，看起來還頗具商品店的型態，可是生鮮食品往往只用紙箱擺放在地上而已。員工們都面露微笑，看起來和善且有朝氣。

可是若聽到實際的營業額會令人頗為吃驚。因為生意極佳，故自一九九四年四月開張以來，年度的營業額應該不只是一千萬圓而已，可能已高達一億圓至一億五千萬圓。這實在與店的外觀差距太大了，而其興盛的重點正在於經營的單純化。

通常，農民一早就會將生產品直接送到賣場。在紙箱上，農民會寫上價格及生產者的留言，例如：「我是某村的某人，這農作物是如何栽培的，請以何方法食用」等。

生產者只將產品寄放在賣場，而「美土理之里」只是收管理費而已，所以產品的價格很便宜。消費者只要以極低的價格就可買到安全新鮮的蔬菜和水果，因此通常在清晨農民送貨來時，消費者就來購買了，所以物品多半在上午就已賣光。

把良質的物品以低價格出售，自然會吸引許多人潮，不重視外觀，且也不想賺大錢的約二十幾坪的店，只要能達到固定的營業額，就能夠繼續經營，即使是外行人也能經營這樣的店。此正表示日本人已慢慢傾向於選擇對自己身體有益的商品。

●在海外，日本人已開始受人注目

另一即是介紹對注重身體健康之走向及女性活躍這兩方面都兼備的實例。在九四年，我曾至香港拜訪菊池由美小姐。她與高木善之先生非常要好，也積極推行環境運動。她是因為丈夫的事業才遷居至香港的，她到香港後很驚訝的是，香港雖以美食聞名，可是多數的食品都令人感到憂心。

因此，她與高橋真由美和一些住在香港的日本人的太太或當地的太太們，一起設立「改善環境保護會」、開始推行「對身體絕對有好處的運動與食物」。活動相當熱烈。

菊池小姐本來就是很率直且好動的人，自然到國外也不忘推廣有益的活動。

當我發現日本的女性至國外仍如此活躍時，內心感到很高興。目前，日本人已逐漸至海外活動，由此可知，日本人以成為「第一百隻猿猴現象」的推廣者，至世界各個角落，將世界引導到美好的方向。

在先進國家中，認為日本人一般的知性水準高的人很多，可是對自己所做的行為會破壞生態環境的自覺心較淡——在推行國際環保運動的外國人中，有這種看法的人不少。

確實，在過去此現象十分嚴重，但現在覺醒者已急速增加。日本人確實已在轉變。其變化是如同「第一百隻猿猴般」亙質的現象。這是我在九四年所確信的第二個項目。

●純正的事物不會被「宿命」所左右

九四年，我所確認的第三個項目為「保持謙虛的態度，坦誠且率直地對待他人」。我確認此項優點的契機源於對風水的研究。過去，我對風水並沒有特別的興趣，可是最近有許多人商量如何至中國大陸發展，為了做研究參考，才開始研究風水。

我對風水有興趣的消息傳開後，獲得許多人的建言。在岡山林原股份有限公司的董事長林原建先生，馬上打電話來告訴我「在日本最優秀的風水專家是御堂龍兒先生，我可以為您介紹」。由於如此，包括御堂先生的很多風水專家，都曾前來指導。

剛好，船井綜合研究所的員工計劃在香港進行「船井會議」，目的在透過中國人的智慧——風水及氣功，來研究如何與中國人交往。這個計劃大受歡迎，十一月遂與研討會的參加者一起前往香港。

至香港後認識許多人，對風水的問題也有頗多研究，不過透過這項研究，我發現「多半的情況，我們只能由煩惱、痛苦及悲慘中得到教訓」。

即使是我本人也是如此。我真正學會人生的道理乃是父親及妻子相繼死亡之後的事。由於他們的死，對我打擊很大，尤其是妻死時還留下幼兒，因而讓我感到很悲慟。

到底人生為何？死後的世界又是如何？往往深思後會發現在人生中悲傷的事很多。當時我認為這個世界就是為了學習提高自己人格的學校，但卻宛如地獄般地痛苦。

那時，我一直活在痛苦與悲傷之中，後來開始發現有些想法不對。如果我是造物主，絕對不會設置如地獄般的學校。更何況造物主是不可能這麼做的。由於如此，我開始深思最近所主張的「地之理」。在這世界上有「地之理」和「天之理」。若研究到「地之理」的階段，對其本人之人生及命運有最大影響的乃為「宿命」，第二為「運勢」，第三是會影響運勢的「環境」及「願望」。

對人類而言，往往在達成「願望」之前會有各種阻礙，所以很難如願以償。可是如果在其中介入風水之理，本來風水是屬於環境的，因此在「地之理」的階段必須生活得更有意義，才會對自己的「願望」有所幫助。

至於什麼是「天之理」？當人類的水準提昇，從一切事物都能學習到其中的道理，就能夠以「天之理」為中心而生活。那時，決定命運最重要的關鍵在於「願望」。此後才是「宿命」，再者是「運勢」，其後什麼皆無。

達到「天之理」的階段後，我們可由一切的對象學習事物。因此就不須去在乎風水的問題了。所謂的風水，不過是從痛苦、悲傷、煩惱中才能學到教訓的人所需要的憑藉罷了。

如前所述，人類分為「地之理」及「天之理」二種階段。事實上，大多數的人都處在「地之理」的階段，所以才會講究風水，若能提昇水準，由一切事物都能夠學習道理，那麼就不再需要這些外表的憑藉了。那麼欲由萬物學習道理應該如何是好？首先，抱持謙虛，坦誠的態度最爲重要。這就是我所確信的第三項目。

有關「天之理」和「地之理」的內容，在本書出版之前後由PHP研究所出版的拙作『未來的分水嶺』中有詳細的解說。各位可以參考。

至二十一世紀後，能由一切對象學習事物者將會增加，屆時就毋須再研究風水了。我認為為了愉快的生活，不需要的制約應儘量避免設立較好。

在大阪有位經營公司的友人打電話來說，他要至東京，所以可以順道來拜訪我。於是兩人見面談了許久。隔天，我有事要至名古屋，因此我建議要回大阪的他，一起搭車前往，但卻遭他拒絕。他說：「我現在正在研究空氣學，依據氣學原理，明天直接回去不太好，所以我會先搭上越新幹線，經由長岡再至大阪。」

我取笑著說：「豈有此理。」但實際上，人往往對自己介意的事耿耿於懷，可是我覺得有此介意之情者是不可能升級到「天之理」的階段，所以很難發揮「意念的力量」。

●未來十年要過愉快的人生

我覺得在未來十年仍有許多困難解決的事，為克服這時期最大的重點在於是否能擁有愉快過生活的心態。能愉快去面對一切，才能夠順利克服一切困難，但若不能愉快樂觀去面對問題，在這段時間內將會發生許多事，而成為更悲慘、痛苦、煩惱衆多的人生。

但要注意的是，在過愉快生活之前，首先要改變愉快的本質。如果抱持著「有快樂的事才能快樂」的心態，就無法克服「有悲傷的事就會悲傷」的狀態。

所以不應有這種快樂的想法，而將自己的態度轉變為對一切都擁有肯定、感謝及正面的思想。認為生活中所發生的一切都是必要且必然的，如此對任何事都會覺得有樂趣。也就是由基本的「快樂」轉為「愉快」。

以我最近所發生的例子來說。

有一天，我回想著自己的過去，當然曾發生過許多事。其中最深刻的一件事是在十七歲的那年，我的頭髮突然地脫落，且是在三天內全部脫落。有很長的一段時間，我的頭髮幾乎長不出來，於是呈現禿頭的樣子。

這經驗給了我一個很大的啟示，那就是不可隨意取笑他人或瞧不起對方。如果沒有發生這件事，我可能會成為過度膨脹自我的人。例如批評某人頭腦不好，某人運動神經不好等，瞧不起比自己能力低的人。

可是在最不懂分寸，容易瞧不起他人的年代裡，由於自己的身上發生了不值得慶幸的事，故使我懂得去尊重他人。此乃是自己變成禿頭所得到的教訓。

當父親及妻子相繼去世之後，我才深刻了解人生的契機。我有現在的地位是他們所帶給我的。以後我對周遭所發生的事常這樣解釋。

另一種將一切轉變為愉快的訣竅是徹底發揮自己的長處。至於短處則完全加以放棄。因為將短處矯正後不過是零而已，可是長處卻可無限地提昇。因為當人確認自己的進步時，是一件非常愉快的事。

無論何時何地，應考慮如何發揮自己的長處。我喜歡寫文章，且寫作速度相當快，同時也擅長說話，所以我才能寫許多書，一年做幾百次的演講。雖然每天生活忙碌，可是我卻不會覺得很煩，反而感到相當充實且愉快。

以另一個角度來看，愉快是意謂全面肯定，擁有正面的思想。想要對一切都加以肯定，且擁有正面的思想，首先必須回顧自己的過去，也許您會發現有許多的痛苦與悲傷，其實凡事都能轉變成愉快的一面。

為了求改變，最重要的訣竅乃是凡事都能加以接受。由於如此，能夠邏輯性的思考最好。如果被情感所支配，分不清事物的真相，則將無法全心的領會。總之，凡事應以肯定的立場邏輯性地去思考才對。

●由於無法領會，所以才會發生矛盾之處

九四年十二月，我和三上元先生兩人共同寫了『船井幸雄與天才們』一書，在書中描述和我比較親密的幾位天才朋友，出版後，友人寄給我他人所寫有關我所列的天才之一的書。讀後我感到十分訝異。

在那本書中，寫了許多主角不好的性格而加以批評。由於如此，我才認識那人的過去，

同時也讓我明瞭了一件事。就是不管一個人的過去如何，現在他已擁有許多優點，而被認為是缺點的部份，我卻認為是他的長處。

當覺得一個人做了不應該做的事，就判斷其為壞人，並著於書中，這種行為難道就是正確的嗎？人是時時刻刻在改變的。

任誰都有長處或短處，只列舉長處就認為是好人，列舉壞處就認為是壞人。即使是事物也是如此，往壞的方向去解釋就是壞的，若加以懷疑對方，自然覺得其有可疑之處。

例如，曾有不少人學過速讀術，但是真正能學會者極少。聽說學成者一本書只要幾分鐘就可看完，可是也有人不相信而加以懷疑。

為何能閱讀如此快速？這個問題必須以邏輯性的態度去領會才行。曾經嘗試而無法成功者，表示無全然接受或者懷疑，所以才無法做到。其實速讀術的原理很簡單，只是認為人的能力之極限，乃是「所意念的都能夠全部實現」。

此過程必須接受具體的訓練，可是訓練的目的並非為了要快速看完一本書，而是為了透過訓練來提高理解的能力。通常讀書時的腦波為β波，但如果能改變為α波以下的低腦波，則必定會產生令人驚訝的理解力。有句俗話說：「眼光透過紙的背面」（表示解讀能力強），而速讀的訓練目的即在此。

所以由「我可以做到」，及完全相信者來接受訓練，才可能學習驚人的速讀術。但是加以訓練卻做不到的人，則不能接受為何如此快速地閱讀。其實不懂的人，只是盲目加以接受，後果將是很可怕的。

例如有「減肥」慾望的人，聽到唸咒文就能如願以償的消息，多半都不會採信的。可是能夠使自己肥胖，應該也可以使自己減肥才對。

有人說，只要由衷地相信「自己確實可以減肥」而一天唸幾十次、幾百次，就能夠如願以償了。確實，支配人體的熱量，只是加以相信，反覆加以意念，就能夠朝成功的方向邁進。所以此法並非完全不正確。

在這個世界上，不可思議的事情很多。可是其實世界上是沒有不可思議的事情。只是因為我們無法接受，所以才覺得不可思議，只要能加以接受，就不會有這種情形產生。將不可思議的事一直視為不可思議並不能得到什麽。但認為不可思議不是不可思議，則自己就能加以活用。因此凡事以邏輯的眼光加以接受，自然可獲得答案。

在關西地區有位朋友谷本廣子小姐，她是一位非常率直的人。某日，青山圭秀先生給她一張薩伊巴巴的照片，說從這張照片中可以得到神盛灰。

另外，薩伊巴巴由照片裡可以傳送訊息給她，她說：「我被委託將此照片交給船井先生。」而給了我好幾張由薩伊巴巴所傳來的訊息紙條。後來聽說薩伊巴巴曾對谷本小姐提到我。他說：

「船井並不太相信我，也將我的照片撕破。不僅對我不尊敬，還加以批評。但是他確實對這個世界有所貢獻，所以請谷本小姐好好對待他。」

其實我並沒有撕破照片，由於不將他的行為視為特異的能力，所以只是把他給我的照片遺失而已。對於薩伊巴巴的事蹟我是非常信服的。然而，由空間取出物質的行為並不會讓我感到很驚訝。

但是谷本小姐所見之神聖灰事件，及對我傳達訊息的意義為何？除了以邏輯的想法去接受外，別無他法，而且這並非是極困難的事。

像谷本小姐那樣意志堅強的人，會依「意念的力量」使事情如願以償。她意念著薩伊巴巴會傳來訊息，所以才會得到訊息，可是我並無此意念，所以才不會獲得。因此對於是否能得到訊息之事，實不值得大驚小怪。

更誇張的說，未必要薩伊巴巴的照片，只要是任何一個人的照片都可以。只是強烈意念著神聖灰的出現，其自然會出現；意念著遠方會傳來訊息，自然會有訊息傳來。這些都是依人的意念所達成，凡事若能依此觀點去詮釋，道理自然彰顯。

●成為純正人類的十個條件

不管多不可思議的事，若一直視為是不可思議的事是不正確的，如此一來，將有走向錯誤之路的危險性。本來人都會有許多不懂的事，可是其與停止思考是迥然不同的。

想要以實證去掌握現象自然有其界限，為了突破界限，人可依想像力或直覺力來克服。若能將此二者的能力發揮，任何事即可以邏輯性的觀點來詮釋。我之所以如此重視領會的原因，乃是認為如果沒有這麼做，就無法解答所有的問題。

人生所遭遇的種種體驗和見聞，隱藏著無限的訊息。但若我們能由一切事物去學習事情，自然能夠理解各種訊息所代表的意義。這時，最大的武器即是想像力和直覺力。

發揮想像力和直覺力所獲得的答案多半是正確的。在持續的經驗累積中，必能更客觀的理解事物，故應以邏輯性的觀點去理解。

我們常使用「相信」一詞，但這是認為凡事以邏輯性的觀點去詮釋事物太麻煩，所以才會以「相信」一詞來敷衍。但是只要我以邏輯的觀點去思考而無法領會時，就不會加以相信，因此更不會隨便去使用這個詞。無論如何，不要以「相信」來矇騙自己。

同時，能夠邏輯性的領會事物之過程，是令人相當愉快的。本來，人一旦了解原本所不知道的事時，內心會感到很愉快。同時，在進行知性的努力時，腦內會分泌出內腓肽。

我常有很多機會去接觸在不同領域裡十分優秀的人才，與他們見面所感受到的是他們謙虛坦誠的個性，且由一切對象學習的態度。由於他們擁有這樣的個性，所以能夠愉快地生活。

當我和那些人接觸的過程中，發現約十項的共同特性。換句話說，即是為純正人類之條件。以下將一一作介紹，請您進行自我計分的測驗。每一項目為十分，請誠實計算自己總共得多少分。

〔自我計算自己的純正度為何＝純正人類的十個條件〕

①謙虛不自傲。

②不否定他人，不指責他人之缺點或加以批評。

③對自己或他人都同等地看待。

④能使周圍的人愉快。

⑤在任何場合都能由一切對象學習到事物。

⑥不做多餘的事。

⑦生活單純。

⑧樸實。

⑨喜好貢獻。

⑩不會違背良心。

每一項目為十分，滿分為一百，但我相信應無得滿分之人；同時也沒有得零分之人。全部合計達五十分以上者就及格，表示自己已接近純正的人類。

本章是一九九四年十二月二十五日在「若葉會」所進行的演講內容，加以訂正，潤筆而成。

所謂的「若葉會」乃是一些年輕且率直的青年所組成的讀書會，我每二個月會至該會做一場義工性質的演講。

這個集會已有四年的歷史，會中大家都很開朗坦誠地發表自己的意見，實是一個有志青年的集會。

註一——美土理の里（〒761－01　香川縣高松市新田町甲297－1　TEL0878－41－0088　FAX0878－43－8900）

補章

每日都驚奇、愉快

——發現由一切事物去學習最愉快

我的生活十分忙碌。不僅擔任自己所創立的船井綜合研究所股份有限公司的董事長，還兼任經營顧問，尤其目前經濟相當不景氣，故身為經營顧問往往忙得不可開交，即使連假日也是如此。

加上每日平均一次約二個小時的演講，其實能拒絕的早已都拒絕，可是無法拒絕而答應的演講，仍已排至六個月後，連二年後也有人預約了。

除此之外，還必須撰寫報紙，雜誌等專欄的文章及私人的寫作等大衆傳播方面的工作。因為自己想寫，所以仍會堅持下去；由於這是自己願意去做的事，故總是忙得不可開交。或許是無意間成名之故，最近常接到陌生人的信函及電話，由於時間上無法配合，因而使我更加忙碌了。

過六十歲後，還能做比三十多歲時多五倍的工作，奔走於世界各地，每天健康且愉快的過日子，因此，自己感到十分滿足，不過有時也很想過一下悠閒的生活。

當然，忙碌也是有很多優點的。

起先是健康方面的問題。我忙得沒有時間生病。且我必須以正面的思想去面對事物，因為我沒有時間去做負面的評估，也沒有多餘的時間耿耿於懷。

但是最令人興奮的，乃是能夠獲得比普通人更多的經驗與知識。

而且每天都充滿新奇與感動，頭腦也更靈活。每日彷彿都被令人驚訝的事物與現象和成功的事所包圍，因此令人感到十分欣慰。

下面我所要介紹的是，在一九九五年一月十八日～二十日，於東京的都大飯店所進行的第五十二屆船井個人研討會的第一講座之正文。

這個研討會每年召開二次，一月在東京，七月在關西，為時三天二夜。這是我所主辦的研討會中最具代表性的一個。有幾百位與我十分親密的經營者會聚一堂，認真地探討世界的趨勢及研究對策。

第一講座乃以「最近的感觸」為主題，由前一次的研討會之後報告我自己的經驗與感受的事。

第五十一屆的船井個人研討會是在一九九四年七月十九日～二十一日於京都的都大飯店所舉行，而後我將由七月二十二日以後所經驗或感受的事情，加以整理，於同年的十二月十八日編成討論正文，所以至當日，我所經驗及感受的事情將成為第一講座的正文內容。

由於是研討會的正文，所以只見內容，各位讀者多半無法了解。但有些應該是可以了解的。依此內容，可知我的行動及每日都充滿著驚奇與感動的生活，這正是我想讓各位了解的目的。

本書完成後，預定再寫一本『未來的分水嶺』（由PHP研究所出版）。本章乃是我在百忙之中六個月期間的生活實態。

以下，讀者可閱讀感興趣的範圍。

52屆・船井個人研討會　第一講座・最近的感觸

——了解第一線的變化，掌握世界的趨勢

[1] 51屆研討會（94／7／19～21）以後，我所體驗的驚奇現象、純正與成功的事例（只限於可公開發表的項目　94／7／22～12／18）。

(1)世界權威的人工智慧之研討者五味隆志先生所設計的AI、A－LIFE令人驚奇（機器人可自我學習，使自己的頭腦更靈活）——7／22

(2)歐洲之酷暑令人驚奇，德、瑞、法溫度都高達攝氏30～36度（一流的飯店、建築物等竟無冷氣機）。

①KRONBERG, SCHLOSS HOTEL——7／23。

②ZUNFFHAUS ZÜM RÜN——7／27。

③HOTEL BAS-BREAO——7／27。

⑶德國人很講究原則（較保守、遵守規律）。

①在SCHLOSS HOTEL用餐——7／23。

②在STUTTGART看到有人違反交通規則——7／25。

⑷法國人是自然人。

①在BAS-BREAO晚餐——7／27。

②在TOUR-D ARGENT晚餐——7／28。

③在巴黎看到很多人忽視交通號誌——7／29。

⑸歐洲最著名的法律學者DR WALTER KONIG所作的演講，我很贊同（世界已轉變為這個方向，若不加以改變，人類將無未來）——7／26。

①公開化。

②統合化。

③共生化。

④節約化。

⑤社會生態化。

⑹對自己的書那麼暢銷感覺很奇怪（日本經濟報紙報導，最暢銷的非小說類之作品為

：）——7／31。

①純正的世紀　第四位。

②生活的訣竅　第六位。

③未來的啟示　第十位。

(7)對世界的變化很吃驚——8／1。

①閱讀天外伺朗所寫的『已進步到此程度的「那個世界的科學」』。

②和深野一幸討論「新技術情報」（意想不到的技術已出現）。

③廂生泰先生的醫療技術（經營者對新技術興致勃勃）。

④太田清藏與FFC（經營者對新技術興致勃勃）。

⑤「EM」與「azelon（蛋白纖維）」（微生物時代的來臨）。

(8)EM熱潮令人驚奇——8／4。

①高知、②寶塚、③宇治。

(9)對於陶瓷已能成功注入資訊——8／5～8／7。

(10)發覺有志之士完全坦白公開化。這是值得慶幸的事——8／8。

（這日與我見面的有志之士主要如下：）

①加藤定先生
②黑澤綾女士
③宮川紗亞子女士
④中島孝志先生
⑤池田充先生
⑥土井利忠先生
⑦豐田善一先生
⑧松本康嗣先生
⑨富田一弘先生
⑩柳原節子女士

（各人都將可發表之事不吝惜地公開。）

今天一日所學習到的最新知識，在以前必須花一年以上的時間才能學會。

⑾有關人類的使命令人深思——8／10。

從坪田正先生那裡聽到有關坪田愛華的為人（『地球的祕密』的作者）

⑿對純正的想法——8／11。

①中村菌
②清水寺
③鍵善

（人人都認為是純正的，已超越令人期待之純正。）

⒀獲得有關能源問題的最新知識。急需宇宙能源，可是尚未研究（井出治先生和其他）——8／15。

⒁對「活體熱能」（佐藤政二命名）的存在大約可以理解——8／16。

⒂可以確實感受到在西元二〇〇〇年時，科學與技術會徹底地改變——8／17。（和豬股修二先生及其他人的談話。）

⒃紐約的街道雖變得很乾淨，可是「空氣」卻不順暢，此現象令人覺得訝異——8／18～8／22。

⒄生意的好壞令人沉思——8／18　8／22。

①8／18　NH10號班機的頭等艙　乘客一人
②8／22　JAL5號班機的頭等艙　客滿
（重點在於宣傳的力量）

⒅發現美國和船井綜合研究所的共通性而啞然。船井綜合研究所應加以改變——8／21。

⒆了解〈會變化的企業〉與〈不會變化的企業〉的重點——8／25。
＝（彈性的順應時勢）　＝（不能順應）。

（①日刊工業報社、②PHP、③三菱重工、④三多力、⑤Autovac、⑥東京相和銀行、⑦三井物產、⑧久保田鐵工）。
以彈性、積極為重點。
⒇因癌症而煩腦者很多——8／26～12／18。
①C・L・I時效會　五十嵐秀　03—3204—5285
②土佐清水醫院　丹羽耕三　0880—2—2511
③茶之水診所　森下敬一　03—3814—6786
④帶津三敬醫院　帶津良一　0492—35—1981
⑤佐賀縣立醫院好生館　矢山利彥　0952—28—1174
(21)對於「風水」熱潮，絲毫不感興趣。——8／28。
(22)發現具異國情調的高價物品可依人脈來買賣（和宮古上布談話）——8／29。
(23)「授權，但必須自己負責任」才是用人的重點（和梶原拓先生談話）——8／30。
(24)原預測今夏是冷夏，但竟是酷暑的理由終於了解——9／2。
①因目前的變化太激烈，故過去的想法已不適用。
②今後的預測與發言，必須使理性與直覺一體化。
③日本將會成為使這世界變革的中心（由EM的普及得知）。

(25)發現「比樹更低之高度的建築物」之用意（在十和田太子飯店所感受）——9／5。

(26)未來只為「金錢慾」的組織將無法生存。這點我終於領會了——9／5。

(27)發現使業績提昇的五種方法（高明的生活方式）（太田久美子女士的書信法）——9／6。

①長處法
②書信法
③正面的思想
④付出法
⑤壓縮法

(28)對於新一代的技術，大略了解如下——9／7。

①微生物
＝
生物
②波動
③活用自然力

Ⓐ水
Ⓑ陶瓷
Ⓒ空氣
Ⓓ光
Ⓔ形態

這些物質將可記憶資訊

(29)了解能夠成長的第一個原因是「付出」(日比孝吉先生)——9/8。

(30)不是創業者老闆型的人,要與陌生人、物接觸時,應徹底調查(日本leaver)——9/9。

(31)由無機物簡單形成生命體(在這次的純正研討會上令人相當震驚)——9/13。

(32)純正商品陸續出現——9/14~12/18。

①有生命的空氣 丸繁上田 06-699-7743

②日圈 綜合健康設計公司0774-72-5889

③陰極離子水(離子力) 離子股份有限公司022-213-3337

(33)了解純正技術FFC——9/16。

(34)波動水(FUNAI WATER)已生效(五味隆志先生、平岡英介先生、植原紘治先生和其他)——9/21。

(35)本性=不適合本質性的不受歡迎——9/22。

(討厭被「限制」和「執著」)。

(36)第一百隻猿猴現象快要產生——9/24~12/16。

①9/24在川合明裕先生與砂田茂美女士的婚禮上演講。

②偶數目的「直覺力研究會」
③奇數目的「純正研究會」
④在矢山氣功教室
⑤12／16「Sign of E」
⑥10／14　10／28的「FUNAI MEETING '94」
⑦11／17～11／20的「FUNAI MEETING in Hong Kong」
⑧12／2在宮古島的「德國文化村研究會」

(37)對附和對方講話的顧客我覺得很驚訝（FUNAI SUMMIT '94）——9／26～9／28。

(38)通貨緊縮時代的商法——9／26～9／28。

①超高形象、超低價格的商法
②權威的人脈商法
③低價格的個別對應商法
（以上）比較好

(39)聽春山茂雄的一席話，了解「生活的重點」——9／27。

①做喜歡做的事＝②低腦波＝③分泌腦內嗎啡＝④復甦化（老人病預防法）

(40)聽河合秀行的話所理解的事——9／27。

「了解借款在某個水平之前是不錯的，但是超越就不健全了。」

(41)與藤原直哉談話所理解的事——9／26。

「了解資訊會集中於可正確發訊之處。」

(42)與福田高規談話所理解的事——9／26。

「認真去追求才能獲得。」

(43)了解證券公司的苦境（中堅證券公司）——9／30。

(44)若有「香港腳」使用更生堂藥局（045－662－8383）的特效藥、大概都能痊癒——9／30。

(45)矢山利彥先生所提出的不患病的重點如下——10／7。

①ＤＮＡ正常化
②「意念正常化」
③氣血正常
④飲食正常

（①～④）維持血液循環之正常

＝

不會被壞的要素所侵害

(46)最近受到衝擊最大的書——7／25～12／18。

①『超越競爭社會』阿爾菲・柯恩著　山本啟／真水康樹譯　法政大出版局出版。

②『神祕的時間翹曲』並木伸一郎編譯　學習研究社出版。

③『我的宇宙探訪記』奧斯卡・馬柯奇著　石井弘幸譯　星雲社出版。

④『阿波羅號的宇宙飛行員所拍攝的UFO』紺野健一解說　德間書店出版。

(47)「日光浴沙龍」賺了許多錢，使我感到很驚訝——10／11。

＝

sunrise美容院（03－3407－1166）

(48)據說日本正在開發純正的「自由能發電機」——10／12。

（資訊提供者＝赫達斯公司・風卷達雄先生06－700－3030）

(49)每次去香港都發現「空氣」一次比一次糟，可是「景氣」卻愈來愈好（我感到很訝異）——10／17～11／17。

(50)「關西的空氣」十分惡劣——10／21。

(51)老人病的激增令人擔憂——10／21。

(52)Sogo的水島廣雄先生的即時主義令人感嘆——10／22　12／5。

(53)愛洋子女士說本來的恰克拉（chakra）有12個，但現在的地球人卻有13個——10／24。

(54)未來的「水準」是意識波動水準之意（鈴木美智子女士如是說）——10／24。

(55)從「田園都市厚生醫院」和「expower健康中心」，了解「美與健康」的經營重點——10／24～10／25。

(56)了解植原紘治先生的速讀術的祕密。重點在於直覺力——10／25。

(57)關於淺野信先生的「高明的生活方法」。

①不要虐待自己
②對待他人如對待自己
③謙虛

（以上三點）我充分了解——10／25。

(58)瞭解FUNAI MARK的意思（一面保持調和，一面生成發展）——10／26～12／16。

(59)建立人脈的重點是求自我的進步與密切的溝通——10／27。

(60)充分了解拉比・帕多拉的「預測之前要先沉思」——10／28。

(61)由紀紗織、安田祥子姊妹、長島茂雄、亞希子夫妻（比我更精讀我所寫的書，令我很吃驚）——10／26～11／1。

(62)廠商的商品重點乃是依純正的商品擴大販賣——10／30～11／1。

（在葉匠壽庵、福壽園的體會。）

(63)茶道→茶樂
薩伊巴巴→ＥＭ ｝——11／1　11／11

(64)若不改變想法，「人類再過30～40年就會滅亡了」……給我的衝擊很大——11／4。

(65)價格破壞會破壞資本主義——11／7。

(66)新市場型是未來的大型店的存活法，但是要避免同型的商圈競爭——11／8。

(67)日本人的良心開始覺醒。不再只是注重經濟而已——11／8　11／15　11／20。

①櫻桃提早生產
②飛機內用餐
③香港生態學會 ｝（都是很了不起）

(68)到達某水準後，「意念」就能如願以償。命運也可由「意念」來改變，可是水準較低的人，只依「宿命」或風水等來改善命運——11／9／11／22。

(69)認識真正以正面思想對待事物的夫婦（高松區的久保隆彥夫妻）——11／10。

(70)「純正的商品一定會賺錢（河野莖頂栽培（mericlones）、贊岐岩、十河牧場）

——11／10～11／11。

(71)學習仍不足，所以還有許多不了解的事（望海莊）——11／11～11／12。

(72)生物放電現象照片之衝擊（繼直江先生的衝擊後之第二大衝擊）——11／14。

(73)由於描寫的真相屬實，故可收集許多資訊（桐島洋子女士如是說）——11／15。

(74)毫無道理的事或多數人不懂的事，還是不做較好——11／16。

(75)香港是世界波動最強烈的土地，由於如此，可成為「風水」之模式——11／17。

(76)「安麗的人際網路令人讚歎」——11／17。

此人際網路並非由金錢所組成。

但未來是否能持續經銷「最好的商品」乃是決定其能否再成長的最大關鍵。

(77)在香港的川內哲也先生、土屋徹先生告訴我Sogo的水島先生是很了不起的人物

——11／18。

(78)我由八百件百貨之經營者和田一夫先生所學習到的事——11／18。

①良心
②正面的思想
③信念

以順應時勢的關係為重點

(79)信念是很有力量的。推行環保運動的高橋真由美女士及菊池由美女士是兩位很了不起的日本女性——11／20。

(80)目前正朝向排除競爭而共生的統合時代——（門馬先生與EM）——11／21。

(81)共時性（Synchronism city）。

近藤和子、黑澤綾、上田英夫等發明家的方向愈來愈一致——11／29～12／18。

(82)一口氣說出答案。可能是「天」所要求。

①新垣哲男、②濱井義則、③上原幸雄——12／1～12／2。

(83)自然才是最重要（平良市長、伊志嶺亮先生）——12／3。

(84)我意念著能由薩伊巴巴的照片中取出神聖灰（谷本廣子女士）——12／3。

(85)通貨緊縮時代的一流權威仍然維持　廣尾garden hills——12／5。

(86)終於迎接自由能的時代了（接到日本理研．河合董事長的電話，談起湊弘平先生已得到此專利）——12／6。

(87)香港與台灣與中國的關係（與林金莖先生的談話）→正確的判斷方法及基準最重要——12／6。

(88)我最近對成衣業界及零售業界喪失興趣的理由，因為這些業界都無進步——12／8。

(89)人往往依自己的水準來判斷他人——12／9。

(90)人能依「意念」建立好自己的生活環境——12／11　12／16～12／18。

(91)純正的技術→生鮮食品保存的技術
　　→光鹹技術
} 12／12～12／16 的確認。世界確實已開始在改變——

(92)我最近的著書在半年內發行十萬本以上，不知為何暢銷→不過感到很高興且訝異——12／12。

(93)收到價值二五〇〇萬圓的地毯及二五〇萬圓的茶壺→這有些異常——12／13。

(94)必須了解1＋1＝0及1＋1＝2的方法——12／16。

(95)策略的時代已經結束。嫉妒的時代也已經結束——12／18。

(96)發現純正人物之條件——12／16～12／18。

2 令人驚訝的現象、純正及成功事例的體驗整理如下：

(1)時代潮流＝目前的大變革時期＝21世紀是更美好的時代。

①公開化。

②統合化。

③共生化。
④品質化。
⑤社會生態化。
(2)純正時代的來臨。
①以提昇波動水準為重點。
②科學與技術與商品會改變。
③人的意識與行動也會急速地轉變。
(3)開始急速地轉變。
(4)日本掌握了新時代的關鍵。
①了解東方與西方、②女性變得更率直、③成為富裕的先進國家、④知性的水準提高、⑤有良知的人愈來愈多。
(5)純正人類的條件。
①不傲慢而謙虛。
②不會否定或批評、指責他人。
③對自己或他人都同等地看待。

④能使周圍的人愉快。
⑤在任何場合都能由一切對象學習到事物。
⑥不做多餘的事。
⑦生活單純。
⑧樸實。
⑨喜好貢獻。
⑩不會違背良心。

(6) 1 的黑體字部份是能夠順利經營生活的重點，在此將其整理如下：

①不吝嗇（付出的時代來臨）。
②彈性化且積極。
③高價值的產品可依人脈來推銷。
④只有發跡的慾望是不可能成功營運一個組織。
⑤業績提升法。
　a、長處法。
　b、書信法。

c、正面的思想法。

d、付出法。

e、壓縮法。

⑥徹底了解純正的意義才是未來成功的關鍵。

⑦日本掌握了重點（第一百隻猿猴）。

⑧通貨緊縮時代的商法。

⑨依「氣」之流向及其水準可知什麼才是正確的。

⑩由老人病就能知正確的生活方式（腦內嗎啡＝內腓胺和多巴胺等會中和去甲腎上腺素）。

⑪廠商的商品重點在擴大純正商品的販賣。

⑫以自我、物質、金錢為中心的想法必須改變。

⑬資本主義正朝向崩壞的方向。

⑭自然是最重要所以要珍惜。

⑮「意念」是萬能的，但應以確信為重點。

⑯與中國交往應該慎重。

3依風水的研究我了解到——

(1)只由人的不幸才能學習到事物水準之人為

①宿命╲╱②運勢╲╱……

(2)經常由一切事物中學習事情之水準的人則

①意念╲╱②宿命╲╱……

4其他（94／12／19～95／1／18　船井幸雄所學習到的事）。

5預測日本的景氣如下：

(1)日本。

①景氣很難回復。

②通貨緊縮會持續。

③政府對財政及金融方面都束手無策。

(2)美國。

①財政持續赤字。

②重貼現率最近還會上昇。

③景氣可能會放慢腳步。

6想在第一講座表達的事（總論）——

⑴生成發展的過程要掌握激變的現在。

⑵要擁有正確的尺度和價值觀。

⑶對未來要懷有夢想，而以正確的想法務實地行動。

⑷要維持10赫茲以下的腦波，使腦內嗎啡能夠旺盛，且有朝氣的分泌。

本書至此結束。

此乃將我覺得驚訝或所學習到的愉快的生活，做一個簡單的介紹，我已過六十，這些都是個人豐富且實際的人生體驗，請各位不要見怪。

據說一般人除了和自己的家人外，終其一生最多只能和二十人真正的交談過。但不知何原因，至今已有數千人誠懇來找我相談過。以此角度來看，我的經驗應比一般人豐富。

至今我所得到的結論是，未來仍必須繼續地尋找愉快生活的方式。希望各位能體會我的用意及本書的內容。

後記

在九四年十二月二十三日時，本書的原稿除了第四章以外，其餘大都已寫完。重新閱讀一遍後，我很想再加上「個人的愉快發現法」，可是已無時間可寫。

因為由年底至新年的假期期間，我想寫此書的兄弟本，即『未來的分水嶺』，在一月十六日終於完稿。預定在本書之後相繼由ＰＨＰ研究所出版。本書與『未來的分水嶺』是由不同的角度去掌握未來的生活方式，是另一家出版社要求我在今年的三月要發表的書。

若能將兩書一起閱讀，將更能夠瞭解我的意圖。

可是無論如何，我仍是抽不出時間來寫第四章，故想到一計。在九四年十二月二十五日，我在一個年輕人的讀書會•若葉會裡做了一個半小時的演講，所以將所談的事都筆錄下來，做成原稿。

在一月九日得到這份筆錄後，再加以訂正，潤筆以成第四章，再加上在補章記錄九五年一月十八日～二十日的船井個人研討會的第一講座的正文內容「最近的感觸」。而後在一月十日將所有原稿交給出版社。

在一月十七日的晚上，送來了校正用的稿子。在一月十八日後的三日期間，在東京•白金區的「都大飯店」參加船井綜合研究所主辦的例行「經營戰略研討會」，在會中進行演講，且接受參加者的經營諮詢，至昨日（一月二十日）終於結束校正。

像這樣將寫稿及校正的情形都寫在後記是我的習慣，如此一來，他日在閱讀此書時就能清楚寫書的流程。我所著的書之後記多半有此用意。

一月十七日早晨，以淡路島為地震中心，在兵庫縣南部發生了震度七級的地震。

在今早（一月二十一日）的新聞中，報導死亡人數約四五五五人、失蹤人數約六六五五人，損失金額高達數兆圓。至於令我印象深刻的，乃是在一月十八日所舉辦的「經營戰略研討會」中，關西一帶的經營者缺席的人數達百人以上。這表示在我最重要的客戶中，有五分之一受到此次地震的威脅。

我由一九八九年以來，長年住自寶塚市。現在我的母親，兒子及女兒的一家人也住在寶塚。電氣、自來水、瓦斯等的生活線都被地震破壞，同時就我認識的人當中，也有好幾人死亡。船井綜合研究所的總店是在大阪，而在這次災害最嚴重的兵庫縣南部和阪神之間，居住了數十名船井綜合研究所的員工。坦白地說，我們所遭受到的傷害已相當嚴重，況且尚有許多員工仍下落不明。

站在經營者的立場來看，需要擔心的事很多。

今天早晨，有關地震的電話及傳真所傳來的資訊源源不絕。幸好，受害的人多數都還很積極且開朗。同時也有許多人展開救援互助的行動。雖損害慘重，但我相信很快就能夠重建的。

住在地震受災最嚴重的神戶市本山區的弟弟，昨夜終於來電話。他說由於墜物，使頭手受了傷，再加上家裡已無法居住，故臨時住在大阪的朋友家中。據他說地震當時，他想：「完了，可能無法挽救了，但後來竟只是稍微受傷而已。能死裡逃生令我很感謝上蒼，今後我將改變想法，為世人奉獻。」

後來經過統計，死者超過五千人。當我看到戰後以來最大災害的兵庫縣南部的地震被害者之對應的態度，已明顯可以感覺到他們的轉變。

他們已開始醒悟，何者才是正確的生活方式。

由前天至昨日，韓國、英國、巴西、美國、中國等各國都傳來令人欣慰的關懷。國內各地也是如此。

因大地震而受害者是相當不幸的事，可是我由受害者的對應態度可知，他們必能夠克服這場苦難，再度建立美好的未來。為了追求「愉快的訣竅」。我與船井綜合研究所的員工們也會共同努力奮鬥的。

希望此書在未來十年困難對應的時代裡，能帶給您一些勇氣、正確的想法及正確的生活方式。在此，為阪神大地震感到難過的心情下，結束這篇「後記」。

著者

船井幸雄

一九三三年生於大阪府。畢業於京都大學農林經濟學系。曾擔任產業心理研究所研究員。後於日本管理協會擔任經營指導經理和理事，在一九七〇年設立日本行銷中心。

一九八五年三月，將公司名稱改為船井綜合研究所（通稱・船井綜研）。目前公司裡擁有二百數十名經營專家，在日本是屬於規模最大的經營顧問公司，他為公司的會長及經營顧問。他擔任四百多家公司的顧問，擁有一流的專業水準。在流通及與資訊相關的業界裡，被尊稱為經營指導之神。

著書包括『未來十年的生活之發現』、『未來的啟示』、『成功的理論』、『包涵的構想』、『船井幸雄對人類的研究』。

⑩性格測驗10　由裝扮瞭解人心　淺野八郎著　140元
⑪性格測驗11　敲開內心玄機　淺野八郎著　140元
⑫性格測驗12　透視你的未來　淺野八郎著　140元
⑬血型與你的一生　淺野八郎著　160元
⑭趣味推理遊戲　淺野八郎著　160元
⑮行爲語言解析　淺野八郎著　160元

•婦 幼 天 地•電腦編號16

①八萬人減肥成果　黃靜香譯　180元
②三分鐘減肥體操　楊鴻儒譯　150元
③窈窕淑女美髮秘訣　柯素娥譯　130元
④使妳更迷人　成　玉譯　130元
⑤女性的更年期　官舒妍編譯　160元
⑥胎內育兒法　李玉瓊編譯　150元
⑦早產兒袋鼠式護理　唐岱蘭譯　200元
⑧初次懷孕與生產　婦幼天地編譯組　180元
⑨初次育兒12個月　婦幼天地編譯組　180元
⑩斷乳食與幼兒食　婦幼天地編譯組　180元
⑪培養幼兒能力與性向　婦幼天地編譯組　180元
⑫培養幼兒創造力的玩具與遊戲　婦幼天地編譯組　180元
⑬幼兒的症狀與疾病　婦幼天地編譯組　180元
⑭腿部苗條健美法　婦幼天地編譯組　180元
⑮女性腰痛別忽視　婦幼天地編譯組　150元
⑯舒展身心體操術　李玉瓊編譯　130元
⑰三分鐘臉部體操　趙薇妮著　160元
⑱生動的笑容表情術　趙薇妮著　160元
⑲心曠神怡減肥法　川津祐介著　130元
⑳內衣使妳更美麗　陳玄茹譯　130元
㉑瑜伽美姿美容　黃靜香編著　150元
㉒高雅女性裝扮學　陳珮玲譯　180元
㉓蠶糞肌膚美顏法　坂梨秀子著　160元
㉔認識妳的身體　李玉瓊譯　160元
㉕產後恢復苗條體態　居理安•芙萊喬著　200元
㉖正確護髮美容法　山崎伊久江著　180元
㉗安琪拉美姿養生學　安琪拉蘭斯博瑞著　180元
㉘女體性醫學剖析　增田豐著　220元
㉙懷孕與生產剖析　岡部綾子著　180元
㉚斷奶後的健康育兒　東城百合子著　220元
㉛引出孩子幹勁的責罵藝術　多湖輝著　170元
㉜培養孩子獨立的藝術　多湖輝著　170元

㉝子宮肌瘤與卵巢囊腫	陳秀琳編著	180元
㉞下半身減肥法	納他夏・史達賓著	180元
㉟女性自然美容法	吳雅菁編著	180元
㊱再也不發胖	池園悅太郎著	170元
㊲生男生女控制術	中垣勝裕著	220元
㊳使妳的肌膚更亮麗	楊　皓編著	170元

・青 春 天 地・電腦編號 17

①A血型與星座	柯素娥編譯	120元
②B血型與星座	柯素娥編譯	120元
③O血型與星座	柯素娥編譯	120元
④AB血型與星座	柯素娥編譯	120元
⑤青春期性教室	呂貴嵐編譯	130元
⑥事半功倍讀書法	王毅希編譯	150元
⑦難解數學破題	宋釗宜編譯	130元
⑧速算解題技巧	宋釗宜編譯	130元
⑨小論文寫作秘訣	林顯茂編譯	120元
⑪中學生野外遊戲	熊谷康編著	120元
⑫恐怖極短篇	柯素娥編譯	130元
⑬恐怖夜話	小毛驢編譯	130元
⑭恐怖幽默短篇	小毛驢編譯	120元
⑮黑色幽默短篇	小毛驢編譯	120元
⑯靈異怪談	小毛驢編譯	130元
⑰錯覺遊戲	小毛驢編譯	130元
⑱整人遊戲	小毛驢編著	150元
⑲有趣的超常識	柯素娥編譯	130元
⑳哦！原來如此	林慶旺編譯	130元
㉑趣味競賽100種	劉名揚編譯	120元
㉒數學謎題入門	宋釗宜編譯	150元
㉓數學謎題解析	宋釗宜編譯	150元
㉔透視男女心理	林慶旺編譯	120元
㉕少女情懷的自白	李桂蘭編譯	120元
㉖由兄弟姊妹看命運	李玉瓊編譯	130元
㉗趣味的科學魔術	林慶旺編譯	150元
㉘趣味的心理實驗室	李燕玲編譯	150元
㉙愛與性心理測驗	小毛驢編譯	130元
㉚刑案推理解謎	小毛驢編譯	130元
㉛偵探常識推理	小毛驢編譯	130元
㉜偵探常識解謎	小毛驢編譯	130元
㉝偵探推理遊戲	小毛驢編譯	130元

㉞趣味的超魔術	廖玉山編著	150元
㉟趣味的珍奇發明	柯素娥編著	150元
㊱登山用具與技巧	陳瑞菊編著	150元

・健 康 天 地・電腦編號 18

①壓力的預防與治療	柯素娥編譯	130元
②超科學氣的魔力	柯素娥編譯	130元
③尿療法治病的神奇	中尾良一著	130元
④鐵證如山的尿療法奇蹟	廖玉山譯	120元
⑤一日斷食健康法	葉慈容編譯	150元
⑥胃部強健法	陳炳崑譯	120元
⑦癌症早期檢查法	廖松濤譯	160元
⑧老人痴呆症防止法	柯素娥編譯	130元
⑨松葉汁健康飲料	陳麗芬編譯	130元
⑩揉肚臍健康法	永井秋夫著	150元
⑪過勞死、猝死的預防	卓秀貞編譯	130元
⑫高血壓治療與飲食	藤山順豐著	150元
⑬老人看護指南	柯素娥編譯	150元
⑭美容外科淺談	楊啟宏著	150元
⑮美容外科新境界	楊啟宏著	150元
⑯鹽是天然的醫生	西英司郎著	140元
⑰年輕十歲不是夢	梁瑞麟譯	200元
⑱茶料理治百病	桑野和民著	180元
⑲綠茶治病寶典	桑野和民著	150元
⑳杜仲茶養顏減肥法	西田博著	150元
㉑蜂膠驚人療效	瀨長良三郎著	150元
㉒蜂膠治百病	瀨長良三郎著	180元
㉓醫藥與生活	鄭炳全著	180元
㉔鈣長生寶典	落合敏著	180元
㉕大蒜長生寶典	木下繁太郎著	160元
㉖居家自我健康檢查	石川恭三著	160元
㉗永恒的健康人生	李秀鈴譯	200元
㉘大豆卵磷脂長生寶典	劉雪卿譯	150元
㉙芳香療法	梁艾琳譯	160元
㉚醋長生寶典	柯素娥譯	180元
㉛從星座透視健康	席拉・吉蒂斯著	180元
㉜愉悅自在保健學	野本二士夫著	160元
㉝裸睡健康法	丸山淳士等著	160元
㉞糖尿病預防與治療	藤田順豐著	180元
㉟維他命長生寶典	菅原明子著	180元

㊱維他命C新效果	鐘文訓編	150元
㊲手、腳病理按摩	堤芳朗著	160元
㊳AIDS瞭解與預防	彼得塔歇爾著	180元
㊴甲殼質殼聚糖健康法	沈永嘉譯	160元
㊵神經痛預防與治療	木下眞男著	160元
㊶室內身體鍛鍊法	陳炳崑編著	160元
㊷吃出健康藥膳	劉大器編著	180元
㊸自我指壓術	蘇燕謀編著	160元
㊹紅蘿蔔汁斷食療法	李玉瓊編著	150元
㊺洗心術健康秘法	竺翠萍編譯	170元
㊻枇杷葉健康療法	柯素娥編譯	180元
㊼抗衰血癒	楊啟宏著	180元
㊽與癌搏鬥記	逸見政孝著	180元
㊾冬蟲夏草長生寶典	高橋義博著	170元
㊿痔瘡・大腸疾病先端療法	宮島伸宜著	180元
51膠布治癒頑固慢性病	加瀨建造著	180元
52芝麻神奇健康法	小林貞作著	170元
53香煙能防止癡呆？	高田明和著	180元
54穀菜食治癌療法	佐藤成志著	180元
55貼藥健康法	松原英多著	180元
56克服癌症調和道呼吸法	帶津良一著	180元
57Ｂ型肝炎預防與治療	野村喜重郎著	180元
58青春永駐養生導引術	早島正雄著	180元
59改變呼吸法創造健康	原久子著	180元
60荷爾蒙平衡養生秘訣	出村博著	180元
61水美肌健康法	井戶勝富著	170元
62認識食物掌握健康	廖梅珠編著	170元
63痛風劇痛消除法	鈴木吉彥著	180元
64酸莖菌驚人療效	上田明彥著	180元
65大豆卵磷脂治現代病	神津健一著	200元
66時辰療法——危險時刻凌晨４時	呂建強等著	元
67自然治癒力提升法	帶津良一著	元
68巧妙的氣保健法	藤平墨子著	元

・實用女性學講座・電腦編號 19

①解讀女性內心世界	島田一男著	150元
②塑造成熟的女性	島田一男著	150元
③女性整體裝扮學	黃靜香編著	180元
④女性應對禮儀	黃靜香編著	180元

·校 園 系 列· 電腦編號20

①讀書集中術	多湖輝著	150元
②應考的訣竅	多湖輝著	150元
③輕鬆讀書贏得聯考	多湖輝著	150元
④讀書記憶秘訣	多湖輝著	150元
⑤視力恢復！超速讀術	江錦雲譯	180元
⑥讀書36計	黃柏松編著	180元
⑦驚人的速讀術	鐘文訓編著	170元
⑧學生課業輔導良方	多湖輝著	170元

·實用心理學講座· 電腦編號21

①拆穿欺騙伎倆	多湖輝著	140元
②創造好構想	多湖輝著	140元
③面對面心理術	多湖輝著	160元
④偽裝心理術	多湖輝著	140元
⑤透視人性弱點	多湖輝著	140元
⑥自我表現術	多湖輝著	150元
⑦不可思議的人性心理	多湖輝著	150元
⑧催眠術入門	多湖輝著	150元
⑨責罵部屬的藝術	多湖輝著	150元
⑩精神力	多湖輝著	150元
⑪厚黑說服術	多湖輝著	150元
⑫集中力	多湖輝著	150元
⑬構想力	多湖輝著	150元
⑭深層心理術	多湖輝著	160元
⑮深層語言術	多湖輝著	160元
⑯深層說服術	多湖輝著	180元
⑰掌握潛在心理	多湖輝著	160元
⑱洞悉心理陷阱	多湖輝著	180元
⑲解讀金錢心理	多湖輝著	180元
⑳拆穿語言圈套	多湖輝著	180元
㉑語言的心理戰	多湖輝著	180元

·超現實心理講座· 電腦編號22

①超意識覺醒法	詹蔚芬編譯	130元
②護摩秘法與人生	劉名揚編譯	130元
③秘法！超級仙術入門	陸　明譯	150元

④給地球人的訊息	柯素娥編著	150元
⑤密教的神通力	劉名揚編著	130元
⑥神秘奇妙的世界	平川陽一著	180元
⑦地球文明的超革命	吳秋嬌譯	200元
⑧力量石的秘密	吳秋嬌譯	180元
⑨超能力的靈異世界	馬小莉譯	200元
⑩逃離地球毀滅的命運	吳秋嬌譯	200元
⑪宇宙與地球終結之謎	南山宏著	200元
⑫驚世奇功揭秘	傅起鳳著	200元
⑬啟發身心潛力心象訓練法	栗田昌裕著	180元
⑭仙道術遁甲法	高藤聰一郎著	220元
⑮神通力的秘密	中岡俊哉著	180元
⑯仙人成仙術	高藤聰一郎著	200元
⑰仙道符咒氣功法	高藤聰一郎著	220元
⑱仙道風水術尋龍法	高藤聰一郎著	200元
⑲仙道奇蹟超幻像	高藤聰一郎著	200元
⑳仙道鍊金術房中法	高藤聰一郎著	200元

・養 生 保 健・電腦編號 23

①醫療養生氣功	黃孝寬著	250元
②中國氣功圖譜	余功保著	230元
③少林醫療氣功精粹	井玉蘭著	250元
④龍形實用氣功	吳大才等著	220元
⑤魚戲增視強身氣功	宮　嬰著	220元
⑥嚴新氣功	前新培金著	250元
⑦道家玄牝氣功	張　章著	200元
⑧仙家秘傳袪病功	李遠國著	160元
⑨少林十大健身功	秦慶豐著	180元
⑩中國自控氣功	張明武著	250元
⑪醫療防癌氣功	黃孝寬著	250元
⑫醫療強身氣功	黃孝寬著	250元
⑬醫療點穴氣功	黃孝寬著	250元
⑭中國八卦如意功	趙維漢著	180元
⑮正宗馬禮堂養氣功	馬禮堂著	420元
⑯秘傳道家筋經內丹功	王慶餘著	280元
⑰三元開慧功	辛桂林著	250元
⑱防癌治癌新氣功	郭　林著	180元
⑲禪定與佛家氣功修煉	劉天君著	200元
⑳顛倒之術	梅自強著	360元
㉑簡明氣功辭典	吳家駿編	元

㉒八卦三合功	張全亮著	230元

•社會人智囊•電腦編號24

①糾紛談判術	清水增三著	160元
②創造關鍵術	淺野八郎著	150元
③觀人術	淺野八郎著	180元
④應急詭辯術	廖英迪編著	160元
⑤天才家學習術	木原武一著	160元
⑥猫型狗式鑑人術	淺野八郎著	180元
⑦逆轉運掌握術	淺野八郎著	180元
⑧人際圓融術	澀谷昌三著	160元
⑨解讀人心術	淺野八郎著	180元
⑩與上司水乳交融術	秋元隆司著	180元
⑪男女心態定律	小田晉著	180元
⑫幽默說話術	林振輝編著	200元
⑬人能信賴幾分	淺野八郎著	180元
⑭我一定能成功	李玉瓊譯	180元
⑮獻給青年的嘉言	陳蒼杰譯	180元
⑯知人、知面、知其心	林振輝編著	180元
⑰塑造堅強的個性	坂上肇著	180元
⑱爲自己而活	佐藤綾子著	180元
⑲未來十年與愉快生活有約	船井幸雄著	180元

•精選系列•電腦編號25

①毛澤東與鄧小平	渡邊利夫等著	280元
②中國大崩裂	江戶介雄著	180元
③台灣•亞洲奇蹟	上村幸治著	220元
④7-ELEVEN高盈收策略	國友隆一著	180元
⑤台灣獨立	森　詠著	200元
⑥迷失中國的末路	江戶雄介著	220元
⑦2000年5月全世界毀滅	紫藤甲子男著	180元
⑧失去鄧小平的中國	小島朋之著	220元

•運動遊戲•電腦編號26

①雙人運動	李玉瓊譯	160元
②愉快的跳繩運動	廖玉山譯	180元
③運動會項目精選	王佑京譯	150元
④肋木運動	廖玉山譯	150元

⑤測力運動	王佑宗譯	150元

•休閒娛樂• 電腦編號27

①海水魚飼養法	田中智浩著	300元
②金魚飼養法	曾雪玫譯	250元

•銀髮族智慧學• 電腦編號28

①銀髮六十樂逍遙	多湖輝著	170元
②人生六十反年輕	多湖輝著	170元
③六十歲的決斷	多湖輝著	170元

•飲食保健• 電腦編號29

①自己製作健康茶	大海淳著	220元
②好吃、具藥效茶料理	德永睦子著	220元
③改善慢性病健康茶	吳秋嬌譯	200元

•家庭醫學保健• 電腦編號30

①女性醫學大全	雨森良彥著	380元
②初爲人父育兒寶典	小瀧周曹著	220元
③性活力強健法	相建華著	200元
④30歲以上的懷孕與生產	李芳黛編著	元

•心靈雅集• 電腦編號00

①禪言佛語看人生	松濤弘道著	180元
②禪密教的奧秘	葉逯謙譯	120元
③觀音大法力	田口日勝著	120元
④觀音法力的大功德	田口日勝著	120元
⑤達摩禪106智慧	劉華亭編譯	220元
⑥有趣的佛教研究	葉逯謙編譯	170元
⑦夢的開運法	蕭京凌譯	130元
⑧禪學智慧	柯素娥編譯	130元
⑨女性佛教入門	許俐萍譯	110元
⑩佛像小百科	心靈雅集編譯組	130元
⑪佛教小百科趣談	心靈雅集編譯組	120元
⑫佛教小百科漫談	心靈雅集編譯組	150元
⑬佛教知識小百科	心靈雅集編譯組	150元

⑭佛學名言智慧	松濤弘道著	220元
⑮釋迦名言智慧	松濤弘道著	220元
⑯活人禪	平田精耕著	120元
⑰坐禪入門	柯素娥編譯	150元
⑱現代禪悟	柯素娥編譯	130元
⑲道元禪師語錄	心靈雅集編譯組	130元
⑳佛學經典指南	心靈雅集編譯組	130元
㉑何謂「生」　阿含經	心靈雅集編譯組	150元
㉒一切皆空　般若心經	心靈雅集編譯組	150元
㉓超越迷惘　法句經	心靈雅集編譯組	130元
㉔開拓宇宙觀　華嚴經	心靈雅集編譯組	130元
㉕真實之道　法華經	心靈雅集編譯組	130元
㉖自由自在　涅槃經	心靈雅集編譯組	130元
㉗沈默的教示　維摩經	心靈雅集編譯組	150元
㉘開通心眼　佛語佛戒	心靈雅集編譯組	130元
㉙揭秘寶庫　密教經典	心靈雅集編譯組	130元
㉚坐禪與養生	廖松濤譯	110元
㉛釋尊十戒	柯素娥編譯	120元
㉜佛法與神通	劉欣如編著	120元
㉝悟（正法眼藏的世界）	柯素娥編譯	120元
㉞只管打坐	劉欣如編著	120元
㉟喬答摩・佛陀傳	劉欣如編著	120元
㊱唐玄奘留學記	劉欣如編著	120元
㊲佛教的人生觀	劉欣如編譯	110元
㊳無門關（上卷）	心靈雅集編譯組	150元
㊴無門關（下卷）	心靈雅集編譯組	150元
㊵業的思想	劉欣如編著	130元
㊶佛法難學嗎	劉欣如著	140元
㊷佛法實用嗎	劉欣如著	140元
㊸佛法殊勝嗎	劉欣如著	140元
㊹因果報應法則	李常傳編	140元
㊺佛教醫學的奧秘	劉欣如編著	150元
㊻紅塵絕唱	海　若著	130元
㊼佛教生活風情	洪丕謨、姜玉珍著	220元
㊽行住坐臥有佛法	劉欣如著	160元
㊾起心動念是佛法	劉欣如著	160元
㊿四字禪語	曹洞宗青年會	200元
51妙法蓮華經	劉欣如編著	160元
52根本佛教與大乘佛教	葉作森編	180元
53大乘佛經	定方晟著	180元
54須彌山與極樂世界	定方晟著	180元

㊺阿闍世的悟道	定方晟著	180元
㊻金剛經的生活智慧	劉欣如著	180元

・經 營 管 理・電腦編號 01

◎創新經營管理六十六大計（精）	蔡弘文編	780元
①如何獲取生意情報	蘇燕謀譯	110元
②經濟常識問答	蘇燕謀譯	130元
④台灣商戰風雲錄	陳中雄著	120元
⑤推銷大王秘錄	原一平著	180元
⑥新創意・賺大錢	王家成譯	90元
⑦工廠管理新手法	琪　輝著	120元
⑨經營參謀	柯順隆譯	120元
⑩美國實業24小時	柯順隆譯	80元
⑪撼動人心的推銷法	原一平著	150元
⑫高竿經營法	蔡弘文編	120元
⑬如何掌握顧客	柯順隆譯	150元
⑭一等一賺錢策略	蔡弘文編	120元
⑯成功經營妙方	鐘文訓著	120元
⑰一流的管理	蔡弘文編	150元
⑱外國人看中韓經濟	劉華亭譯	150元
⑳突破商場人際學	林振輝編著	90元
㉑無中生有術	琪輝編著	140元
㉒如何使女人打開錢包	林振輝編著	100元
㉓操縱上司術	邑井操著	90元
㉔小公司經營策略	王嘉誠著	160元
㉕成功的會議技巧	鐘文訓編譯	100元
㉖新時代老闆學	黃柏松編著	100元
㉗如何創造商場智囊團	林振輝編譯	150元
㉘十分鐘推銷術	林振輝編譯	180元
㉙五分鐘育才	黃柏松編譯	100元
㉚成功商場戰術	陸明編譯	100元
㉛商場談話技巧	劉華亭編譯	120元
㉜企業帝王學	鐘文訓譯	90元
㉝自我經濟學	廖松濤編譯	100元
㉞一流的經營	陶田生編著	120元
㉟女性職員管理術	王昭國編譯	120元
㊱ＩＢＭ的人事管理	鐘文訓編譯	150元
㊲現代電腦常識	王昭國編譯	150元
㊳電腦管理的危機	鐘文訓編譯	120元
㊴如何發揮廣告效果	王昭國編譯	150元

㊵最新管理技巧	王昭國編譯	150元
㊶一流推銷術	廖松濤編譯	150元
㊷包裝與促銷技巧	王昭國編譯	130元
㊸企業王國指揮塔	松下幸之助著	120元
㊹企業精銳兵團	松下幸之助著	120元
㊺企業人事管理	松下幸之助著	100元
㊻華僑經商致富術	廖松濤編譯	130元
㊼豐田式銷售技巧	廖松濤編譯	180元
㊽如何掌握銷售技巧	王昭國編著	130元
㊿洞燭機先的經營	鐘文訓編譯	150元
52新世紀的服務業	鐘文訓編譯	100元
53成功的領導者	廖松濤編譯	120元
54女推銷員成功術	李玉瓊編譯	130元
55ＩＢＭ人才培育術	鐘文訓編譯	100元
56企業人自我突破法	黃琪輝編著	150元
58財富開發術	蔡弘文編著	130元
59成功的店舖設計	鐘文訓編著	150元
61企管回春法	蔡弘文編著	130元
62小企業經營指南	鐘文訓編譯	100元
63商場致勝名言	鐘文訓編譯	150元
64迎接商業新時代	廖松濤編譯	100元
66新手股票投資入門	何朝乾　編	200元
67上揚股與下跌股	何朝乾編譯	180元
68股票速成學	何朝乾編譯	200元
69理財與股票投資策略	黃俊豪編著	180元
70黃金投資策略	黃俊豪編著	180元
71厚黑管理學	廖松濤編譯	180元
72股市致勝格言	呂梅莎編譯	180元
73透視西武集團	林谷燁編譯	150元
76巡迴行銷術	陳蒼杰譯	150元
77推銷的魔術	王嘉誠譯	120元
7860秒指導部屬	周蓮芬編譯	150元
79精銳女推銷員特訓	李玉瓊編譯	130元
80企劃、提案、報告圖表的技巧	鄭　汶　譯	180元
81海外不動產投資	許達守編譯	150元
82八百伴的世界策略	李玉瓊譯	150元
83服務業品質管理	吳宜芬譯	180元
84零庫存銷售	黃東謙編譯	150元
85三分鐘推銷管理	劉名揚編譯	150元
86推銷大王奮鬥史	原一平著	150元
87豐田汽車的生產管理	林谷燁編譯	150元

・成功寶庫・電腦編號02

①上班族交際術	江森滋著	100元
②拍馬屁訣竅	廖玉山編譯	110元
④聽話的藝術	歐陽輝編譯	110元
⑨求職轉業成功術	陳　義編著	110元
⑩上班族禮儀	廖玉山編著	120元
⑪接近心理學	李玉瓊編著	100元
⑫創造自信的新人生	廖松濤編著	120元
⑭上班族如何出人頭地	廖松濤編著	100元
⑮神奇瞬間瞑想法	廖松濤編譯	100元
⑯人生成功之鑰	楊意苓編著	150元
⑲給企業人的諍言	鐘文訓編著	120元
⑳企業家自律訓練法	陳　義編譯	100元
㉑上班族妖怪學	廖松濤編著	100元
㉒猶太人縱橫世界的奇蹟	孟佑政編著	110元
㉓訪問推銷術	黃静香編著	130元
㉕你是上班族中強者	嚴思圖編著	100元
㉖向失敗挑戰	黃静香編著	100元
㉙機智應對術	李玉瓊編著	130元
㉚成功頓悟100則	蕭京凌編譯	130元
㉛掌握好運100則	蕭京凌編譯	110元
㉜知性幽默	李玉瓊編譯	130元
㉝熟記對方絕招	黃静香編譯	100元
㉞男性成功秘訣	陳蒼杰編譯	130元
㊱業務員成功秘方	李玉瓊編著	120元
㊲察言觀色的技巧	劉華亭編著	180元
㊳一流領導力	施義彥編譯	120元
㊴一流說服力	李玉瓊編著	130元
㊵30秒鐘推銷術	廖松濤編譯	150元
㊶猶太成功商法	周蓮芬編譯	120元
㊷尖端時代行銷策略	陳蒼杰編著	100元
㊸顧客管理學	廖松濤編著	100元
㊹如何使對方說Yes	程　羲編著	150元
㊺如何提高工作效率	劉華亭編著	150元
㊼上班族口才學	楊鴻儒譯	120元
㊽上班族新鮮人須知	程　羲編著	120元
㊾如何左右逢源	程　羲編著	130元
㊿語言的心理戰	多湖輝著	130元
51扣人心弦演說術	劉名揚編著	120元

㊸如何增進記憶力、集中力	廖松濤譯	130元
㊺性惡企業管理學	陳蒼杰譯	130元
㊻自我啟發200招	楊鴻儒編著	150元
㊼做個傑出女職員	劉名揚編著	130元
㊽靈活的集團營運術	楊鴻儒編著	120元
㊿個案研究活用法	楊鴻儒編著	130元
(61)企業教育訓練遊戲	楊鴻儒編著	120元
(62)管理者的智慧	程　義編譯	130元
(63)做個佼佼管理者	馬筱莉編譯	130元
(64)智慧型說話技巧	沈永嘉編譯	130元
(66)活用佛學於經營	松濤弘道著	150元
(67)活用禪學於企業	柯素娥編譯	130元
(68)詭辯的智慧	沈永嘉編譯	150元
(69)幽默詭辯術	廖玉山編譯	150元
(70)拿破崙智慧箴言	柯素娥編譯	130元
(71)自我培育・超越	蕭京凌編譯	150元
(74)時間即一切	沈永嘉編譯	130元
(75)自我脫胎換骨	柯素娥譯	150元
(76)贏在起跑點—人才培育鐵則	楊鴻儒編譯	150元
(77)做一枚活棋	李玉瓊編譯	130元
(78)面試成功戰略	柯素娥編譯	130元
(79)自我介紹與社交禮儀	柯素娥編譯	150元
(80)說NO的技巧	廖玉山編譯	130元
(81)瞬間攻破心防法	廖玉山編譯	120元
(82)改變一生的名言	李玉瓊編譯	130元
(83)性格性向創前程	楊鴻儒編譯	130元
(84)訪問行銷新竅門	廖玉山編譯	150元
(85)無所不達的推銷話術	李玉瓊編譯	150元

・處 世 智 慧・電腦編號 03

①如何改變你自己	陸明編譯	120元
⑥靈感成功術	譚繼山編譯	80元
⑧扭轉一生的五分鐘	黃柏松編譯	100元
⑩現代人的詭計	林振輝譯	100元
⑫如何利用你的時間	蘇遠謀譯	80元
⑬口才必勝術	黃柏松編譯	120元
⑭女性的智慧	譚繼山編譯	90元
⑮如何突破孤獨	張文志編譯	80元
⑯人生的體驗	陸明編譯	80元
⑰微笑社交術	張芳明譯	90元

⑱幽默吹牛術	金子登著	90元
⑲攻心說服術	多湖輝著	100元
⑳當機立斷	陸明編譯	70元
㉑勝利者的戰略	宋恩臨編譯	80元
㉒如何交朋友	安紀芳編著	70元
㉓鬥智奇謀（諸葛孔明兵法）	陳炳崑著	70元
㉔慧心良言	亦　奇著	80元
㉕名家慧語	蔡逸鴻主編	90元
㉗稱霸者啟示金言	黃柏松編譯	90元
㉘如何發揮你的潛能	陸明編譯	90元
㉙女人身態語言學	李常傳譯	130元
㉚摸透女人心	張文志譯	90元
㉛現代戀愛秘訣	王家成譯	70元
㉜給女人的悄悄話	妮倩編譯	90元
㉞如何開拓快樂人生	陸明編譯	90元
㉟驚人時間活用法	鐘文訓譯	80元
㊱成功的捷徑	鐘文訓譯	70元
㊲幽默逗笑術	林振輝著	120元
㊳活用血型讀書法	陳炳崑譯	80元
㊴心　燈	葉于模著	100元
㊵當心受騙	林顯茂譯	90元
㊶心・體・命運	蘇燕謀譯	70元
㊷如何使頭腦更敏銳	陸明編譯	70元
㊸宮本武藏五輪書金言錄	宮本武藏著	100元
㊺勇者的智慧	黃柏松編譯	80元
㊼成熟的愛	林振輝譯	120元
㊽現代女性駕馭術	蔡德華著	90元
㊾禁忌遊戲	酒井潔著	90元
◯52摸透男人心	劉華亭編譯	80元
◯53如何達成願望	謝世輝著	90元
◯54創造奇蹟的「想念法」	謝世輝著	90元
◯55創造成功奇蹟	謝世輝著	90元
◯56男女幽默趣典	劉華亭譯	90元
◯57幻想與成功	廖松濤譯	80元
◯58反派角色的啟示	廖松濤編譯	70元
◯59現代女性須知	劉華亭編著	75元
◯61機智說話術	劉華亭編譯	100元
◯62如何突破內向	姜倩怡編譯	110元
◯64讀心術入門	王家成編譯	100元
◯65如何解除內心壓力	林美羽編著	110元
◯66取信於人的技巧	多湖輝著	110元

⑥⑦如何培養堅強的自我	林美羽編著	90元
⑥⑧自我能力的開拓	卓一凡編著	110元
⑦⓪縱橫交涉術	嚴思圖編著	90元
⑦①如何培養妳的魅力	劉文珊編著	90元
⑦②魅力的力量	姜倩怡編著	90元
⑦⑤個性膽怯者的成功術	廖松濤編譯	100元
⑦⑥人性的光輝	文可式編著	90元
⑦⑨培養靈敏頭腦秘訣	廖玉山編著	90元
⑧⓪夜晚心理術	鄭秀美編譯	80元
⑧①如何做個成熟的女性	李玉瓊編著	80元
⑧②現代女性成功術	劉文珊編著	90元
⑧③成功說話技巧	梁惠珠編譯	100元
⑧④人生的真諦	鐘文訓編譯	100元
⑧⑤妳是人見人愛的女孩	廖松濤編著	120元
⑧⑦指尖・頭腦體操	蕭京凌編譯	90元
⑧⑧電話應對禮儀	蕭京凌編著	120元
⑧⑨自我表現的威力	廖松濤編譯	100元
⑨⓪名人名語啟示錄	喬家楓編著	100元
⑨①男與女的哲思	程鐘梅編譯	110元
⑨②靈思慧語	牧　風著	110元
⑨③心靈夜語	牧　風著	100元
⑨④激盪腦力訓練	廖松濤編譯	100元
⑨⑤三分鐘頭腦活性法	廖玉山編譯	110元
⑨⑥星期一的智慧	廖玉山編譯	100元
⑨⑦溝通說服術	賴文琇編譯	100元
⑨⑧超速讀超記憶法	廖松濤編譯	140元

•健康與美容•電腦編號04

③媚酒傳（中國王朝秘酒）	陸明主編	120元
④藥酒與健康果菜汁	成玉主編	150元
⑤中國回春健康術	蔡一藩著	100元
⑥奇蹟的斷食療法	蘇燕謀譯	110元
⑧健美食物法	陳炳崑譯	120元
⑨驚異的漢方療法	唐龍編著	90元
⑩不老強精食	唐龍編著	100元
⑫五分鐘跳繩健身法	蘇明達譯	100元
⑬睡眠健康法	王家成譯	80元
⑭你就是名醫	張芳明譯	90元
⑮如何保護你的眼睛	蘇燕謀譯	70元
⑲釋迦長壽健康法	譚繼山譯	90元

⑳腳部按摩健康法	譚繼山譯	120元
㉑自律健康法	蘇明達譯	90元
㉓身心保健座右銘	張仁福著	160元
㉔腦中風家庭看護與運動治療	林振輝譯	100元
㉕秘傳醫學人相術	成玉主編	120元
㉖導引術入門(1)治療慢性病	成玉主編	110元
㉗導引術入門(2)健康・美容	成玉主編	110元
㉘導引術入門(3)身心健康法	成玉主編	110元
㉙妙用靈藥・蘆薈	李常傳譯	150元
㉚萬病回春百科	吳通華著	150元
㉛初次懷孕的10個月	成玉編譯	130元
㉜中國秘傳氣功治百病	陳炳崑編譯	130元
㉟仙人長生不老學	陸明編譯	100元
㊱釋迦秘傳米粒刺激法	鐘文訓譯	120元
㊲痔・治療與預防	陸明編譯	130元
㊳自我防身絕技	陳炳崑編譯	120元
㊴運動不足時疲勞消除法	廖松濤譯	110元
㊵三溫暖健康法	鐘文訓編譯	90元
㊸維他命與健康	鐘文訓譯	150元
㊺森林浴—綠的健康法	劉華亭編譯	80元
㊼導引術入門(4)酒浴健康法	成玉主編	90元
㊽導引術入門(5)不老回春法	成玉主編	90元
㊾山白竹（劍竹）健康法	鐘文訓譯	90元
㊿解救你的心臟	鐘文訓編譯	100元
51牙齒保健法	廖玉山譯	90元
52超人氣功法	陸明編譯	110元
54借力的奇蹟(1)	力拔山著	100元
55借力的奇蹟(2)	力拔山著	100元
56五分鐘小睡健康法	呂添發撰	120元
57禿髮、白髮預防與治療	陳炳崑撰	120元
59艾草健康法	張汝明編譯	90元
60一分鐘健康診斷	蕭京凌編譯	90元
61念術入門	黃静香編譯	90元
62念術健康法	黃静香編譯	90元
63健身回春法	梁惠珠編譯	100元
64姿勢養生法	黃秀娟編譯	90元
65仙人瞑想法	鐘文訓譯	120元
66人蔘的神效	林慶旺譯	100元
67奇穴治百病	吳通華著	120元
68中國傳統健康法	靳海東著	100元
71酵素健康法	楊　皓編譯	120元

⑺腰痛預防與治療	五味雅吉著	130元
⑺如何預防心臟病・腦中風	譚定長等著	100元
⑺少女的生理秘密	蕭京凌譯	120元
⑺頭部按摩與針灸	楊鴻儒譯	100元
⑺雙極療術入門	林聖道著	100元
⑺氣功自療法	梁景蓮著	120元
⑺大蒜健康法	李玉瓊編譯	100元
⑻健胸美容秘訣	黃靜香譯	120元
⑻鍺奇蹟療效	林宏儒譯	120元
⑻三分鐘健身運動	廖玉山譯	120元
⑻尿療法的奇蹟	廖玉山譯	120元
⑻神奇的聚積療法	廖玉山譯	120元
⑻預防運動傷害伸展體操	楊鴻儒編譯	120元
⑻五日就能改變你	柯素娥譯	110元
⑻三分鐘氣功健康法	陳美華譯	120元
⑼道家氣功術	早島正雄著	130元
⑼氣功減肥術	早島正雄著	120元
⑼超能力氣功法	柯素娥譯	130元
⑼氣的瞑想法	早島正雄著	120元

・家庭／生活・電腦編號05

①單身女郎生活經驗談	廖玉山編著	100元
②血型・人際關係	黃靜編著	120元
③血型・妻子	黃靜編著	110元
④血型・丈夫	廖玉山編譯	130元
⑤血型・升學考試	沈永嘉編譯	120元
⑥血型・臉型・愛情	鐘文訓編譯	120元
⑦現代社交須知	廖松濤編譯	100元
⑧簡易家庭按摩	鐘文訓編譯	150元
⑨圖解家庭看護	廖玉山編譯	120元
⑩生男育女隨心所欲	岡正基編著	160元
⑪家庭急救治療法	鐘文訓編著	100元
⑫新孕婦體操	林曉鐘譯	120元
⑬從食物改變個性	廖玉山編譯	100元
⑭藥草的自然療法	東城百合子著	200元
⑮糙米菜食與健康料理	東城百合子著	180元
⑯現代人的婚姻危機	黃　靜編著	90元
⑰親子遊戲　0歲	林慶旺編譯	100元
⑱親子遊戲　1～2歲	林慶旺編譯	110元
⑲親子遊戲　3歲	林慶旺編譯	100元

⑳女性醫學新知	林曉鐘編譯	130元
㉑媽媽與嬰兒	張汝明編譯	180元
㉒生活智慧百科	黃　靜編譯	100元
㉓手相・健康・你	林曉鐘編譯	120元
㉔菜食與健康	張汝明編譯	110元
㉕家庭素食料理	陳東達著	140元
㉖性能力活用秘法	米開・尼里著	150元
㉗兩性之間	林慶旺編譯	120元
㉘性感經穴健康法	蕭京凌編譯	150元
㉙幼兒推拿健康法	蕭京凌編譯	100元
㉚談中國料理	丁秀山編著	100元
㉛舌技入門	增田豐　著	160元
㉜預防癌症的飲食法	黃靜香編譯	150元
㉝性與健康寶典	黃靜香編譯	180元
㉞正確避孕法	蕭京凌編譯	130元
㉟吃的更漂亮美容食譜	楊萬里著	120元
㊱圖解交際舞速成	鐘文訓編譯	150元
㊲觀相導引術	沈永嘉譯	130元
㊳初為人母12個月	陳義譯	180元
㊴圖解痲將入門	顧安行編譯	160元
㊵痲將必勝秘訣	石利夫編譯	160元
㊶女性一生與漢方	蕭京凌編譯	100元
㊷家電的使用與修護	鐘文訓編譯	160元
㊸錯誤的家庭醫療法	鐘文訓編譯	100元
㊹簡易防身術	陳慧珍編譯	130元
㊺茶健康法	鐘文訓編譯	130元
㊻雞尾酒大全	劉雪卿譯	180元
㊼生活的藝術	沈永嘉編著	120元
㊽雜草雜果健康法	沈永嘉編著	120元
㊾如何選擇理想妻子	荒谷慈著	110元
㊿如何選擇理想丈夫	荒谷慈著	110元
(51)中國食與性的智慧	根本光人著	150元
(52)開運法話	陳宏男譯	100元
(53)禪語經典＜上＞	平田精耕著	150元
(54)禪語經典＜下＞	平田精耕著	150元
(55)手掌按摩健康法	鐘文訓譯	180元
(56)脚底按摩健康法	鐘文訓譯	150元
(57)仙道運氣健身法	李玉瓊譯	150元
(58)健心、健體呼吸法	蕭京凌譯	120元
(59)自彊術入門	蕭京凌譯	120元
(60)指技入門	增田豐著	160元

㉑下半身鍛鍊法	增田豐著	180元
㉒表象式學舞法	黃靜香編譯	180元
㉓圖解家庭瑜伽	鐘文訓譯	130元
㉔食物治療寶典	黃靜香編譯	130元
㉕智障兒保育入門	楊鴻儒譯	130元
㉖自閉兒童指導入門	楊鴻儒譯	180元
㉗乳癌發現與治療	黃靜香譯	130元
㉘盆栽培養與欣賞	廖啟新編譯	180元
㉙世界手語入門	蕭京凌編譯	180元
㉚賽馬必勝法	李錦雀編譯	200元
㉛中藥健康粥	蕭京凌編譯	120元
㉜健康食品指南	劉文珊編譯	130元
㉝健康長壽飲食法	鐘文訓編譯	150元
㉞夜生活規則	增田豐著	160元
㉟自製家庭食品	鐘文訓編譯	200元
㊱仙道帝王招財術	廖玉山譯	130元
㊲「氣」的蓄財術	劉名揚譯	130元
㊳佛教健康法入門	劉名揚譯	130元
㊴男女健康醫學	郭汝蘭譯	150元
㊵成功的果樹培育法	張煌編譯	130元
㊶實用家庭菜園	孔翔儀編譯	130元
㊷氣與中國飲食法	柯素娥編譯	130元
㊸世界生活趣譚	林其英著	160元
㊹胎教二八〇天	鄭淑美譯	180元
㊺酒自己動手釀	柯素娥編著	160元
㊻自己動「手」健康法	手嶋曻著	160元
㊼香味活用法	森田洋子著	160元
㊽寰宇趣聞搜奇	林其英著	200元
㊾手指回旋健康法	栗田昌裕著	200元

・命理與預言・電腦編號 06

①星座算命術	張文志譯	120元
②中國式面相學入門	蕭京凌編著	180元
③圖解命運學	陸明編著	200元
④中國秘傳面相術	陳炳崑編著	110元
⑤13星座占星術	馬克・矢崎著	200元
⑥命名彙典	水雲居士編著	180元
⑦簡明紫微斗術命運學	唐龍編著	130元
⑧住宅風水吉凶判斷法	琪輝編譯	180元
⑨鬼谷算命秘術	鬼谷子著	150元

⑩密教開運咒法	中岡俊哉著	250元
⑪女性星魂術	岩滿羅門著	200元
⑫簡明四柱推命學	李常傳編譯	150元
⑬手相鑑定奧秘	高山東明著	200元
⑭簡易精確手相	高山東明著	200元
⑮啟示錄中的世界末日	蘇燕謀編譯	80元
⑯女巫的咒法	柯素娥譯	230元
⑰六星命運占卜學	馬文莉編著	230元
⑱樸克牌占卜入門	王家成譯	100元
⑲Ａ血型與十二生肖	鄒雲英編譯	90元
⑳Ｂ血型與十二生肖	鄒雲英編譯	90元
㉑Ｏ血型與十二生肖	鄒雲英編譯	100元
㉒ＡＢ血型與十二生肖	鄒雲英編譯	90元
㉓筆跡占卜學	周子敬著	220元
㉔神秘消失的人類	林達中譯	80元
㉕世界之謎與怪談	陳炳崑譯	80元
㉖符咒術入門	柳玉山人編	150元
㉗神奇的白符咒	柳玉山人編	160元
㉘神奇的紫符咒	柳玉山人編	200元
㉙秘咒魔法開運術	吳慧鈴編譯	180元
㉚諾米空秘咒法	馬克・矢崎著	220元
㉛改變命運的手相術	鐘文訓編著	120元
㉜黃帝手相占術	鮑黎明著	230元
㉝惡魔的咒法	杜美芳譯	230元
㉞脚相開運術	王瑞禎譯	130元
㉟面相開運術	許麗玲譯	150元
㊱房屋風水與運勢	邱震睿編譯	160元
㊲商店風水與運勢	邱震睿編譯	200元
㊳諸葛流天文遁甲	巫立華譯	150元
㊴聖帝五龍占術	廖玉山譯	180元
㊵萬能神算	張助馨編著	120元
㊶神祕的前世占卜	劉名揚譯	150元
㊷諸葛流奇門遁甲	巫立華譯	150元
㊸諸葛流四柱推命	巫立華譯	180元
㊹室內擺設創好運	小林祥晃著	200元
㊺室內裝潢開運法	小林祥晃著	230元
㊻新・大開運吉方位	小林祥晃著	200元
㊼風水的奧義	小林祥晃著	200元

•教養特輯•電腦編號07

①管教子女絕招	多湖輝著	70元
⑤如何教育幼兒	林振輝譯	80元
⑥看圖學英文	陳炳崑編著	90元
⑦關心孩子的眼睛	陸明編	70元
⑧如何生育優秀下一代	邱夢蕾編著	100元
⑩現代育兒指南	劉華亭編譯	90元
⑫如何培養自立的下一代	黃靜香編譯	80元
⑭教養孩子的母親暗示法	多湖輝著	90元
⑮奇蹟教養法	鐘文訓編譯	90元
⑯慈父嚴母的時代	多湖輝著	90元
⑰如何發現問題兒童的才智	林慶旺譯	100元
⑱再見！夜尿症	黃靜香編譯	90元
⑲育兒新智慧	黃靜編譯	90元
⑳長子培育術	劉華亭編譯	80元
㉑親子運動遊戲	蕭京凌編譯	90元
㉒一分鐘刺激會話法	鐘文訓編著	90元
㉓啟發孩子讀書的興趣	李玉瓊編著	100元
㉔如何使孩子更聰明	黃靜編著	100元
㉕３•４歲育兒寶典	黃靜香編譯	100元
㉖一對一教育法	林振輝編譯	100元
㉗母親的七大過失	鐘文訓編譯	100元
㉘幼兒才能開發測驗	蕭京凌編譯	100元
㉙教養孩子的智慧之眼	黃靜香編譯	100元
㉚如何創造天才兒童	林振輝編譯	90元
㉛如何使孩子數學滿點	林明嬋編著	100元

•消遣特輯•電腦編號08

①小動物飼養秘訣	徐道政譯	120元
②狗的飼養與訓練	張文志譯	130元
③四季釣魚法	釣朋會編	120元
④鴿的飼養與訓練	林振輝譯	120元
⑤金魚飼養法	鐘文訓編譯	130元
⑥熱帶魚飼養法	鐘文訓編譯	180元
⑧妙事多多	金家驊編譯	80元
⑨有趣的性知識	蘇燕謀編譯	100元
⑩圖解攝影技巧	譚繼山編譯	220元
⑪100種小鳥養育法	譚繼山編譯	200元

國家圖書館出版品預行編目資料

未來十年與愉快生活有約／船井幸雄著，楊鴻儒譯
——初版——臺北市；大展，民86
面；　公分——（社會人智囊；19）
譯自：これから10年愉しみの発見
ISBN 957-557-666-7（平裝）

1. 人生哲學

191　　85013800

原書名：これから10年愉しみの発見
原著作者：船井幸雄　©Yukio Funai 1995
原出版者：株式会社　サンマーク出版
版權仲介：宏儒企業有限公司

未來十年與愉快生活有約

ISBN 957-557-666-7

原著者／船井幸雄
編譯者／楊鴻儒
發行人／蔡森明
出版者／大展出版社有限公司
社址／台北市北投區（石牌）致遠一路二段12巷1號
電話／(02) 8236031・8236033
傳真／(02) 8272069
郵政劃撥／0166955－1
登記證／局版臺業字第2171號
承印者／國順圖書印刷公司
裝訂／嶸興裝訂有限公司
排版者／千兵企業有限公司
電話／(02) 8812643
初版／1997年（民86年）1月

定價／180元

大展好書 好書大展

大展好書　好書大展